少年读全景

资治通鉴故事

6

唐纪 下·后梁纪·后唐纪
后晋纪·后汉纪·后周纪

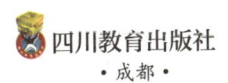

廖志军 编著

四川教育出版社
·成都·

图书在版编目（CIP）数据

少年读全景资治通鉴故事. 6，唐纪. 下·后梁纪·后唐纪·后晋纪·后汉纪·后周纪 / 廖志军编著 . — 成都：四川教育出版社，2021.10
ISBN 978-7-5408-7789-7

I. ①少… II. ①廖… III. ①中国历史—古代史—编年体 ②《资治通鉴》—少年读物 IV. ① K204.3-49

中国版本图书馆 CIP 数据核字（2021）第 181919 号

SHAONIAN DU QUANJING ZIZHITONGJIAN GUSHI 6
TANGJI XIA · HOULIANGJI · HOUTANGJI · HOUJINJI · HOUHANJI · HOUZHOUJI

少年读全景资治通鉴故事 6
唐纪 下·后梁纪·后唐纪·后晋纪·后汉纪·后周纪

廖志军　编著

出 品 人	雷　华
责任编辑	肖　勇
责任校对	晏昭敏
封面设计	路炳男
版式设计	闫晓玉
责任印制	田东洋
出版发行	四川教育出版社
地　　址	成都市黄荆路 13 号
邮政编码	610225
网　　址	www.chuanjiaoshe.com
印　　刷	德富泰（唐山）印务有限公司
制　　作	闫晓玉
版　　次	2021 年 12 月第 1 版
印　　次	2021 年 12 月第 1 次印刷
成品规格	188mm×245mm
印　　张	9
书　　号	ISBN 978-7-5408-7789-7
定　　价	168.00 元（全 6 册）

如发现印装质量问题，影响阅读，请与本社联系。总编室电话：（028）86365120 编辑部电话：（028）86365129

目录 公元618年~公元960年

◎少年读全景资治通鉴故事6　唐纪 下·后梁纪·后唐纪·后晋纪·后汉纪·后周纪

◎ 唐纪 下

宋璟狠杀裙带风 ○○二
性情刚直，直言敢谏
量才用人，大唐功臣

绝代红颜杨玉环 ○○四
玄宗宠幸，艳压后宫
祸乱朝政，香消玉殒

大宦官高力士 ○○七
入宫为奴，参与政变
扩张势力，干预朝政
流贬巫州，葬于泰陵

诗人宰相张九龄 ○○九
文才出众，入仕为官
贤明正直，敢于力谏

李林甫口蜜腹剑 ○一二
善于钻营，登上相位
笑里藏刀，排斥异己

杨国忠弄权误国 ○一四
攀附贵妃，登上高位
弄权乱政，死于乱刀

安禄山与安史之乱 ○一六
凶残暴戾，因功受封
讨好贵妃，暗蓄势力
发兵叛唐，死于非命

马嵬驿兵变 ○一九
叛军逼城，玄宗出逃
将士生怨，杀相缢妃

中兴名将郭子仪 ○二二
临危受命，平定叛乱
宦官误军，兵败免职
重掌军权，平叛安边

李光弼从严治军 ○二五
出击河北，初战告捷
固守太原，歼灭叛军
兵败邙山，愧恨而卒

颜杲卿舌断骂贼 ○二八
组织力量，抵抗叛军
兵败被俘，喷血骂贼

著名理财家刘晏	〇四七
一代神童，理财能手	
举贤任能，被诬致死	
帝王之师李泌	〇五〇
辅帝平叛，功成身退	
白衣宰相，历仕四朝	
高仙芝镇守西域	〇五三
外藩贵族，远征勃律	
退守潼关，被诬枉死	
书法大家颜真卿	〇三一
博学多才，书法精湛	
勇入敌营，惨遭杀戮	
南诏王异牟寻归唐	〇五六
臣服大唐，依附吐蕃	
摆脱控制，全力归唐	
铁血守卫张巡	〇三四
誓死抗贼，草人借箭	
死保睢阳，被俘惨死	
唐德宗削藩	〇五九
讨伐藩镇，收效甚微	
纵容宦官，宠幸奸臣	
田承嗣首开割据风	〇三七
叛将部下，追随安史	
对抗朝廷，称霸一方	
李怀光兵变	〇六一
率兵平乱，居功自傲	
举兵叛唐，对抗朝廷	
仆固怀恩反唐	〇三九
参与平叛，军中猛将	
居功自傲，借兵反唐	
李晟力挽狂澜	〇六四
勇猛善战，名震河西	
力挽狂澜，收复长安	
唐肃宗之死	〇四一
登基为帝，主持平叛	
重用宦官，受惊病卒	
杨炎公报私仇	〇六六
才能卓著，报恩复仇	
改革财政，被诬而死	
唐代宗平乱	〇四四
率军平叛，收复两都	
歼灭叛军，铲除奸佞	
政经专家陆贽	〇六九
生逢乱世，为官刚直	
善于治国，思想传世	

王叔文变法　　　○七一
伴读东宫，参与朝政
发动变法，改革失败

唐宪宗元和中兴　　　○七三
重用人才，打击藩镇
晚年昏聩，宠信宦官

反佛文豪韩愈　　　○七六
勤奋好学，提倡古文
反佛斗士，智平叛军

散文大家柳宗元　　　○七九
志向远大，参与变革
多产文人，名扬后世

中唐重臣裴度　　　○八一
六朝元老，平定淮西
宦官当道，隐居避祸

悲情皇帝唐文宗　　　○八三
宦官争斗，被扶上位
勤勉听政，生活节俭

甘露之变　　　○八六
宦官专权，文宗反击
密谋泄露，事变失败

"万古良相"李德裕　　　○八八
出身名门，才学渊博
安边除患，功绩卓著

诗豪刘禹锡　　　○九一
主张变法，屡遭贬逐
一代诗豪，文名传世

清廉之臣牛僧孺　　　○九四
贤良方正，直评时政
秉公执法，廉洁自律
避难外调，造福于民

牛李党争　　　○九六
不顾大局，结党相争
互相拆台，祸乱朝政

唐武宗灭佛　　　○九九
佛事昌盛，影响国政
矛盾尖锐，武宗灭佛

唐宣宗韬光养晦　　　一○二
以愚示人，荣登大宝
励精图治，改革弊政

张议潮收复河西　　　一○五
驱逐吐蕃，收复河西
保民安边，发展河西

昏君唐懿宗　　　一○八
沉湎游乐，用人不当
崇尚佛教，挥金如土

王仙芝起义　　　一一一
反抗暴政，聚众起义
妥协退让，战死沙场

革除弊政，休养生息
瑕不掩瑜，乱世明君

"海龙王"钱镠 一二八
占据浙江，吴越称王
兴修水利，钱塘射潮
纳贡求和，长据江南

大将军黄巢 一一四
揭竿而起，反抗大唐
转战南北，兵败自杀

"儿皇帝"石敬瑭 一三一
骁勇善战，谋略超群
取媚契丹，出卖国土
过大于功，难逃骂名

昭宗壮志成空 一一六
四处流亡，惨遭囚禁
藩镇乱政，无辜被弑

后汉高祖刘知远 一三三
有勇有谋，救石敬瑭
调任河东，积蓄力量
称帝建后汉

末代傀儡唐哀帝 一一八
幼年即位，形同傀儡
奸贼当道，无力掌权
大唐末帝，被废身死

郭威开封称帝 一三五
少年威武，军事起家
目光长远，灭汉建周
治理国家，革故鼎新

◎后梁纪·后唐纪·后晋纪·后汉纪·后周纪

一代英主周世宗 一三七
少年有为，亲征高平
励精图治，开创大业
南征北战，一代明君

朱温称帝 一二二
始作俑者，朱温称帝
安邦定国，整顿军队
滥杀无辜，荒淫成性

李存勖建后唐 一二四
建后唐、灭后梁，军功赫赫
亲伶人，重宦官，治国乏术

后唐明宗李嗣源 一二六
智勇双全，忠心护主

少年读全景资治通鉴故事 6

唐纪 下·后梁纪·后唐纪·后晋纪·后汉纪·后周纪

唐纪 下

公元618年～公元907年

唐纪 下
宋璟狠杀裙带风

宋璟,字广平,邢州南和(今属河北)人,是唐玄宗时代的名臣。他性格直爽,赏罚分明,以敢于直言上谏闻名,一生历仕武后、中宗、睿宗、殇帝、玄宗五朝,在开元年间更是与姚崇一起,罢黜奸邪,举任贤良,整顿朝纲,为开元盛世打下了良好的基础。后世史学家赞曰:"唐世贤相,前称房杜,后称姚宋,他人莫得比焉。"

性情刚直,直言敢谏

宋璟自幼勤奋好学,刻苦攻书,十多岁就中了进士,开始了官场生涯。武则天统治时期,宋璟官至御史中丞。武则天的宠臣张易之和张昌宗大肆玩弄权术,很多溜须拍马的人借机大献殷勤,而宋璟却不加理会。有一回,张昌宗私下里请算卦人观卜吉凶,说了些不忠顺的话。宋璟知道后便奏请武则天,请求详查,但是武则天却说:"张易之自己已经禀奏了,不要加罪于他。"宋璟毫不妥协,说:"张易之主动禀奏是情势所迫。历来谋逆都是灭门重罪,请陛下下令严查,以正国法。"武则天听了以后十分不悦,只好先下令审查,然后又下诏免了张易之的罪责。事情过去以后,武则天让张易之到宋璟府上赔罪,而宋璟却闭门不见。

由于宋璟经常犯颜上谏,武则天渐生不满。于是,她千方百计想把宋璟调出京去监察地方官员。宋璟上疏道:"我既然是御史中丞,就应该负责监察朝中百官,现在让我去监察地方官吏,师出无名,我恐怕难以担当此任。"

后来,武则天派遣宋璟去幽州处理地方官吏的案子。宋璟禀奏说:"我身为御史中丞,除非突遇军国要事,否则按照惯例是不应该轻易离京的。幽州地方官的案子并不在我的管辖范围之内,恳请陛下将此类事情交由侍御史或者监察御史办理吧。"

武则天并不肯善罢甘休,没过多久又命宋璟以副使的身份协助李峤安抚陇、蜀百姓。宋璟再次禀奏说:"按照大唐朝制,作为御史中丞,我是不应该被派任为副使的,这样违反惯例的事情,请陛下重新斟酌吧。"

因为宋璟自始至终都坚守本职工作,所以张易之等人企图趁宋璟外调时把他除掉的阴谋也未能实现。

▲ (唐)白釉鸭
质地为瓷,器型规整,鸭子造型栩栩如生。

（唐）三彩人物骆驼俑
此人物骆驼俑施三彩釉，骑着骆驼的仕女体态丰满，表现了唐代以胖为美的观念。三彩釉五彩缤纷，极为美观。

量才用人，大唐功臣

身为宰相，宋璟敢于逆触龙鳞上谏，他先后在唐睿宗和唐玄宗执政期间提出了很多有利于国家发展的建议。

唐睿宗当政时，太平公主肆意干预政务，朝臣私自提拔心腹，官场上大兴朋党之风。宋璟针对这些腐败现象提出了"重才能、轻资历"的取仕原则，他毫不畏惧太平公主的权势，毅然罢黜了一批平庸的官吏。后来，因此事开罪了太平公主，宋璟被免除了相位。

716年，宋璟被提升为刑部尚书，不久取代姚崇做了宰相。宋璟主张任用官吏时"以才用人"，并提议废除以往奸邪谄媚的人密奏皇上时左右须回避的陋习，规定凡是朝臣上奏，必须有谏官和史官在场。唐玄宗非常赏识宋璟，不但以师礼相待，还亲自迎送宋璟出入。他悉心听取、采纳宋璟所提出的大部分主张，有效地遏制了那些图谋不轨的内侍和酷吏进谗言，使唐朝官场风气大为改观。

宰相宋璟办事公正严明，不畏权贵，严于律己，从不徇私枉法。一次，他的叔叔宋元超成为候选官，想靠宋璟的关系取得一些特殊待遇，但宋璟知道以后，不但禁止吏部优先选用宋元超，还告诫负责录仕的官吏不许因私废公。

按照唐朝当时的规定，地方官府每年都要指派人员向皇帝和宰相报告当年的政绩。这些进京述职人员经常携带奇珍异宝，一到京城便四处拜访，打通关节，从而使自己在官场上飞黄腾达。宋璟非常厌恶这种卖官鬻爵的行为，便在玄宗的应允下，严令所有朝臣退回礼品，断绝了买卖官职的途径，大力整饬了行贿受贿的腐败风气。

宋璟清正公道，深受老百姓爱戴。广州老百姓曾经联名要求朝廷为宋璟立碑，但是被宋璟阻止了。同时，宋璟还劝说玄宗下诏宣布严禁各地建碑颂德。

722年，朝廷派兵平定了京兆人权梁山的叛乱，宋璟奉命重新审理被打入大牢的叛党。宋璟仔细审查后，只把几名叛党头目定了罪，然后释放了其他的从犯。

733年，宋璟再次官拜相位，但没过多久就卸任返乡了。

737年，宋璟在家中因病辞世。

少年读全景 资治通鉴故事 6

▶▶ 唐纪 下·后梁纪·后唐纪·后晋纪·后汉纪·后周纪　　▶▶ 唐纪 下

唐纪 下
绝代红颜杨玉环

杨玉环是唐玄宗李隆基的宠妃，被誉为中国古代四大美女之一。相传她风姿绰约，芳华绝代，唐代大诗人白居易在其名作《长恨歌》中曾赞她："回眸一笑百媚生，六宫粉黛无颜色。"玄宗宠幸她之后，便沉迷于其美色之中，更加怠于朝政，导致纲纪废弛，奸臣当道，从而引发了撼动大唐根基的安史之乱。因此可以说，杨玉环是一个影响了大唐历史的关键人物。

玄宗宠幸，艳压后宫

杨玉环自幼失去双亲，是由叔叔杨玄璬抚养长大的。杨玄璬曾出任河南府士曹，因此杨玉环的童年是在河南度过的。杨玉环天资聪颖，从小就接受了良好的教育，长大后美貌出众，音律歌舞更是样样精通，因此芳名远播。

735年，十六岁的杨玉环被选为妃子，嫁给了唐玄宗的第十八个儿子寿王李瑁，婚后二人十分恩爱。

寿王李瑁的生母就是玄宗李隆基最喜爱的武惠妃。武惠妃在从713年被选为妃子到737年辞世的二十多年间，一直深受玄宗的宠爱。武惠妃去世时，玄宗悲痛欲绝。此后，在偌大的一个后宫，玄宗居然找不到第二个如武惠妃般令他着迷的嫔妃。他整天愁眉不展，性情变得越来越怪僻，动不动就惩罚身边的宦官和宫女。那些侍者每天都担惊受怕，唯恐玄宗会突然把怒火发泄在自己身上。

大宦官高力士深知玄宗的内心，知道他的这些反常举动都是因为失去了爱妃，而这股怨气只能靠另寻一位绝色佳丽来缓解。于是，高力士派人遍访名媛，无论出身婚否，只要是才貌双全的女子，都被列入名单。后来，经过仔细筛选，被确认适合的人选居然是寿王李瑁的妃子杨玉环。

由于杨玉环是玄宗的儿媳，所以直接送入后宫难免

▲（清）康涛《华清出浴图》
清代画家康涛的作品。此图中的杨贵妃云鬓松挽，身披罗纱。两个宫人端着香露跟随其后。

少年读全景
资治通鉴故事 6

▶▶ 唐纪 下·后梁纪·后唐纪·后晋纪·后汉纪·后周纪   ▶▶ 唐纪 下

▲（唐）张萱《虢国夫人游春图》
此图描绘的是天宝十一载（752）唐玄宗的宠妃杨玉环的三姊虢国夫人及其眷从盛装出游的情景。全画共九人骑马，前三骑与后三骑是侍从、侍女和保姆，中间并行二骑为秦国夫人与虢国夫人。作品注重人物内心刻画，运用了精细的线描和协调的色调，浓艳而不失秀雅，精工而不显板滞。整幅画构图疏密有致，错落自然。

招人非议。于是，经过一场精心的谋划，740年秋天，杨玉环以自愿向道为借口，离开了寿王府。741年，杨玉环得到御赐的"太真"道号，正式出家为道士。杨玉环名为向道，其实是被安置在皇宫内的道观，随时听候玄宗的召唤。

745年，玄宗特意把大臣韦昭训的女儿赐婚给寿王李瑁做王妃，以弥补寿王妃的空缺。而后，玄宗堂而皇之地把杨玉环册封为贵妃。在玄宗看来，他所立的是女道士杨太真，而不是过去的儿媳杨玉环。

年过六十的玄宗费尽周折，才得到了二十七岁的杨玉环，所以对这位年轻貌美的妃子宠爱有加。杨贵妃外出骑马，必定由大宦官高力士亲手策鞭；而仅供杨贵妃专用的织绣工就多达七百人。文武大臣纷纷献礼取悦皇上的宠妃，岭南王府经略使张九章和广陵长史王翼均因所献的贡品别出心裁而得到升迁。一时间，群臣争相效仿，献宝谄媚。由于杨玉环非常喜欢荔枝，所以就有人费尽心思把南方的新鲜荔枝快运到长安。

被册封为贵妃的杨玉环所得到的恩宠同武惠妃比起来，有过之而无不及，她在后宫中自称为"娘子"，其享受的待遇和礼仪与皇后相差无几。尽管杨贵妃博得了玄宗的喜爱，但她也有两次因得罪玄宗而遭到惩罚。

一次是746年夏天，杨贵妃因事触怒了玄宗，被玄宗一气之下差人送回娘家堂兄杨铦的府上。到用午膳的时候，玄宗毫无胃口，脾气暴躁，还拿身边的侍从出气。高力士领会玄宗的心意，便上奏请求把杨贵妃接回宫中。于是，当天夜里，杨贵妃被用一乘小轿从安兴坊门接回后宫。回宫后，杨贵妃伏在地上认错，玄宗连忙上去抚慰，二人又和好如初了。

还有一次是750年，杨贵妃又因忤旨被送回娘家。宦官吉温进言说："女人见识浅薄，才会忤逆圣意，但是贵妃跟随陛下这么久了，就算真的有罪，也应该在宫里接受惩罚。何必把贵妃送回娘家，让外人来议论皇上的家事呢？"于是，玄宗立刻命中使张韬光为杨贵妃送去御赐膳食，以示抚慰。杨贵妃深谙魅惑之道，竟然剪下自己的一束秀发让张韬光带给玄宗。玄宗见到断发既心急又心疼，连忙让高力士把杨贵妃又接回宫中。经历了这次"断发明志"事件以后，再也没有发生过贵妃忤旨的事情。

祸乱朝政，香消玉殒

杨贵妃备受恩宠的时期，也正是唐朝由盛转衰的时期。杨贵妃一人得势，杨氏族人也都平步青云。她的堂兄杨铦被提拔为鸿胪卿；杨锜被擢

绝代红颜杨玉环

少年读全景 资治通鉴故事 6

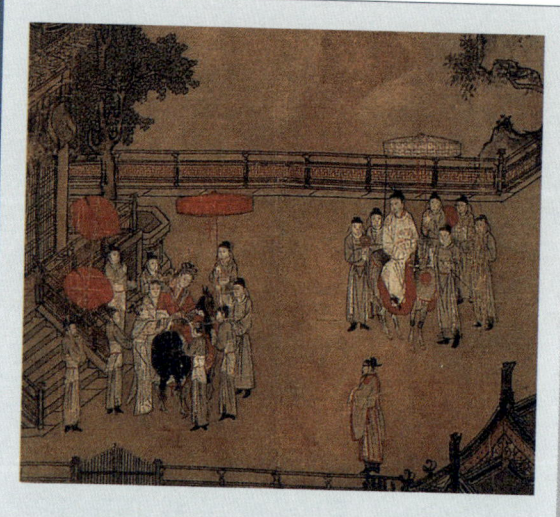

唐纪 下·后梁纪·后唐纪·后晋纪·后汉纪·后周纪　　▶▶ 唐纪 下

▲（宋）《杨贵妃上马图》
唐玄宗与杨贵妃的故事是画家偏好的画题。此画中玄宗骑在马上，回顾杨贵妃，四宫女正扶着杨贵妃上马。杨贵妃的娇柔体态，带有宋人的审美意蕴。宫殿庭院以界画形式画之，有院体画风。

　　杨氏家族还仗势横行。有一次，杨家人在出西市门时与广平公主的骑从发生口角。杨家仆人扬鞭便打，广平公主被鞭梢扫到，立刻滚落马下，驸马程昌裔连忙去搀扶公主，竟也惨遭鞭笞。后来，广平公主去向唐玄宗哭诉，玄宗虽然下令斩杀了杨家仆人，但也同时罢免了驸马的官职。

　　自从宠幸杨玉环之后，玄宗逐渐不再理会朝政，任由杨国忠等奸佞之人胡作非为，最终导致了安史之乱的爆发。

　　叛乱发生后，玄宗携杨贵妃等人匆匆逃入蜀中。随行军士行至马嵬驿时拒绝前行，在诛杀杨国忠之后，他们要求玄宗处死杨玉环。玄宗无奈，只得命高力士将其缢杀于佛堂。一代红颜就这样死于非命，令后世之人唏嘘不已。

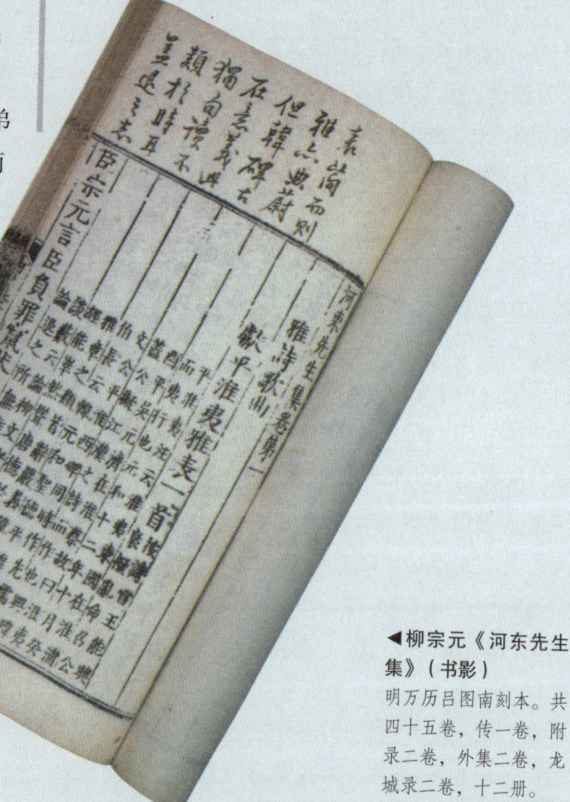

　　升为侍御史，并迎娶了武惠妃的女儿太华公主；杨钊（国忠）不但身担相职，还兼任剑南节度使；杨国忠的两个儿子杨昢和杨暄，以及杨玉环的弟弟都成为驸马。仅杨氏一族就娶进两位公主和两位郡主，这在历史上是非常少见的。此外，玄宗还下令为杨贵妃的双亲修建祠庙，并亲笔题写祠庙里的碑文。

　　不仅如此，杨贵妃死去多年的父亲还被追封为太尉、齐国公。杨贵妃的三个姐姐还分别被赐予韩国夫人、虢国夫人和秦国夫人的名号，并被允许随意进出后宫。杨氏一族生活奢靡，一掷千金，大大加重了国库负担。其中仅三位夫人的脂粉钱每年就要消耗上千贯钱。至于杨氏家族的宅邸，则更是金碧辉煌，奢华无比，不是普通官员能够享有的。

◀柳宗元《河东先生集》（书影）
明万历吕图南刻本。共四十五卷，传一卷，附录二卷，外集二卷，龙城录二卷，十二册。

唐纪 下·后梁纪·后唐纪·后晋纪·后汉纪·后周纪

唐纪 下

大宦官高力士

高力士，本名冯元一，是唐玄宗时有名的大宦官，一生侍奉过武则天、中宗、睿宗、玄宗四个皇帝，在玄宗还是临淄王时，就审时度势，投到了他的门下，并助其平定韦氏之乱，剿灭太平公主。玄宗登基后，对高力士大加封赏。尽管恩宠加身，春风得意，但他仍然非常谨慎小心，不敢有越礼之举，史书称其"性和谨少过，善观时俯仰，不敢骄横，故天子终亲任之，士大夫亦不疾恶也"。

入宫为奴，参与政变

高力士是高州良德（今广东高州东北）人，其曾祖和祖父都是边疆高官。但他父亲冯君衡却因触犯刑律而被抄家产，贬为官奴，所以高力士从小就跟父母离散了。

698年初，高力士被送进宫中做宦官。他聪颖机智，深得武则天青睐。后来，高力士不小心惹恼了武则天，被撵出后宫。走投无路的高力士被宦官高延福收为义子，从此改为高姓。

一年后，高力士重返后宫谋事。此时的他刚刚成年，行事小心谨慎，比较适合传达诏命，于是，他开始负责主管宫中门禁。

唐中宗执政末期，韦、武势力蠢蠢欲动。李隆基暗地里谋划扶持皇室。高力士审时度势，主动向李隆基示好。此时，李隆基也急需宫中宦官做内应，二人一拍即合，高力士成为李隆基的宫中内应。710年，李隆基带领御林军铲除了韦、武势力，重新拥立唐睿宗登基。功不可没的李隆基被立为太子，他把高力士留在身边，封他为朝散大夫。从此，高力士成了李隆基的亲信。一路高升的高力士对皇太子李隆基忠心耿耿，深得李隆基的信赖。这期间，太平公主再三压制李隆基，并打算利用政变来收回李隆基的储位。

713年夏天，唐玄宗在高力士等一班心腹的全力配合下，一举歼灭了太平公主的势力。功勋卓著的高力士被擢升为右监门卫将军，官至三品，除了依旧负责传达诏命外，还开始涉足政事。唐朝宦官涉政的历史由此开始。

扩张势力，干预朝政

玄宗统治时期，宦官的权势逐渐扩大。大宦官高力士和杨思勖都已经位居三品将军。同时，因在李隆基诛灭韦后、太平公主的两次行动中立功而官至开府仪同三司的王毛仲，也得到

◀（唐）青釉绿彩莲花纹瓜形水注
水注在长沙窑中出土量很多，大多为壶状，亦有动物及葫芦造型，式样颇丰。该水注青釉绿彩，上莲花纹，精致美观，既体现了匠人高超的捏塑技巧，也显示出唐人的野逸之趣。

少年读全景 资治通鉴故事 6

▶ 唐纪 下·后梁纪·后唐纪·后晋纪·后汉纪·后周纪　　▶▶ 唐纪 下

▲（唐）佚名《骑马人物图》
图中画两位骑马人，前一位穿黑红色长袍，袍有斗篷，戴冠，马鬃用笔染为红色。后面一位双手持杖，着圆领长衫，戴冠。前者为主人，后者为仆人，马旁有树和花。此图造型准确，用笔自然流畅，似中原北方唐墓壁画风格，应为盛唐之作。

玄宗的另眼相待，他常常倚仗皇恩欺凌宦官。

730年，王毛仲千方百计想获取兵部尚书的职位，玄宗对此极为不满。后来，王毛仲夫人生产，高力士奉命前去赐赠礼物，并赐新生儿为五品衔。高力士回宫后，污蔑王毛仲对玄宗不满，还煽风点火地说："北门守卫都是跟王毛仲一伙的，如不趁早除掉，以后一定会引发祸患。"恰巧这时，玄宗又听闻王毛仲自作主张命人到太原索要皇族专用的甲仗，便渐渐认定他有反心。第二年正月，玄宗把王毛仲贬黜为瀼州别驾，并下令在押解途中将他缢杀。王毛仲的四个儿子也被贬离京城。

除掉王毛仲以后，宦官的势力空前膨胀。高力士越来越受到玄宗的信赖，甚至常常在殿侧留宿，而不再回到自己的府邸休息。当时大臣们的奏章都必须先经由高力士阅过才能呈献给皇上，一些琐碎的小事也直接由他代为裁夺。这时的高力士已是大权在握，春风得意，满朝文武都争相巴结他。但他说话做事一直都格外谨慎。他介入政事后也没有一味胡乱行事，盲从权臣，在某些问题上的看法还是颇有见解的。

738年，由于武惠妃和李林甫的陷害，太子李瑛及兄弟被玄宗废贬并处死。玄宗想要把年长且谦恭仁孝的忠王李亨立为太子，但却遭到奸臣李林甫的反对。李林甫为了取悦武惠妃，大力推举武惠妃的儿子寿王李瑁为太子。玄宗左右为难，而且自己刚刚下令处死了三个亲生儿子，内心十分复杂。高力士看透了玄宗的心思，便顺着他的心意说："这件事情并不难，只要按照惯例册立长者，一定没有谁敢再去争夺太子位！"于是，玄宗听取了高力士的建议，册立忠王李亨为太子。

流贬巫州，葬于泰陵

玄宗执政后期终日流连于美酒和美色之间，无心处理政事，最终导致安史之乱的爆发。玄宗迫不得已躲到蜀地避祸。

757年，唐肃宗李亨终于收回两京，高力士护送玄宗返回长安，进驻兴庆宫。由于高力士护驾有功，玄宗提封他为开府仪同三司。760年，拥戴肃宗立功的大宦官李辅国利用玄宗和肃宗之间的摩擦，诬陷玄宗和高力士相互勾结，企图重夺帝位。于是，肃宗命玄宗迁至西内。到达西内后，高力士被形势所迫，离开玄宗。

没了玄宗的庇护，高力士很快失势。没过多久，他身染疟疾，不得不在功臣阁下避疟。这时，朝廷以勾结叛逆为名，将其流贬到巫州。第二年，宰相第五琦也因琐事被贬放到边疆。高力士与他偶遇后饮酒叙旧，两人回想起曾经的辉煌，再看看如今的凄凉，不禁大发感慨。

762年5月，玄宗和肃宗先后去世。唐代宗李豫登基，并大赦天下。这时，被流贬巫州的高力士才有机会返京。后高力士也离开了人世。代宗念及高力士多年来忠心伺候玄宗，特别恩准将他陪葬在玄宗的泰陵。

唐纪 下·后梁纪·后唐纪·后晋纪·后汉纪·后周纪 　　唐纪 下

唐纪 下
诗人宰相张九龄

张九龄，一名博物，字子寿，韶州曲江（今广东韶关西南）人，是唐代开元年间一位高瞻远瞩、锐意革新的政治家，官至宰相，有"当年唐室无双士，自古南天第一人"之美誉。张九龄不仅在政治领域有所建树，还是一位文坛巨匠，被尊为"岭南诗祖"，被后世认为是开拓了盛唐一代诗风的关键性人物。

716年，张九龄上疏请求开凿大庾岭新路获得批准，奉命监管这一工程。大庾岭新路也叫"梅岭驿道"，是我国历史上贯通南北的重要途径。它连接起海上和陆上两条丝绸之路，促进了中原与岭南之间的经济和文化往来，对巩固南北统一具有积极意义。

文才出众，入仕为官

张九龄是进士出身，唐中宗时期登科及第，唐玄宗开元年间先后担任中书侍郎、中书令等职。他从小就具备了较高的文学素养，十三岁时就受到广州刺史王方庆的高度赞赏，王方庆预言他日后定能出人头地。后来，张九龄参加科举考试时，又得到主考官沈佺期的激励褒扬，一举中第。张九龄及第的第二年，遇到被流贬到岭南的张说，这位有着"当朝师表，一代词宗"美誉的文坛掌门人给予张九龄"后出词人之冠"的高度评价。

张九龄为官期间，曾经上奏唐玄宗，提出不能忽略地方官吏的选用，要端正选用京官和外任的态度，还主张重用贤才，不唯资历举人。

▶张九龄《望月怀远》意境图
诗曰："海上生明月，天涯共此时。情人怨遥夜，竟夕起相思。灭烛怜光满，披衣觉露滋。不堪盈手赠，还寝梦佳期。"这是作者离乡望月，思念远方亲人而写下的诗句。诗中写景与抒情并举，情景交融，其中"海上生明月，天涯共此时"为千古佳句，意境雄浑旷远。

少年读全景 资治通鉴故事 6

唐纪 下·后梁纪·后唐纪·后晋纪·后汉纪·后周纪　　唐纪 下

▲（唐）陶骆驼胡人俑
江苏无锡东郊江溪陶典村墓葬出土。骆驼、胡人是唐代奔波于丝绸之路上的"常客"。此类陶俑在江南出土，可见江南文化也渗入了西域文明的成分。

　　723年，张九龄升迁为中书舍人。由于他跟张说交往甚密，后来张说遭贬，张九龄受到牵连也被调任出京。731年，玄宗任命张九龄为秘书少监，并兼任集贤院学士，后又官至中书侍郎。733年，张九龄拜相。

　　玄宗执政时，安禄山奉命征伐奚和契丹，结果惨败而归。张九龄准备按照军法处死安禄山，被玄宗拦了下来。后来安禄山发动叛乱，玄宗逃到蜀地避难时，想起当年不听张九龄之言以致遭此大祸，懊悔不已。于是，玄宗命人专门去曲江悼念张九龄。

贤明正直，敢于力谏

　　张九龄做宰相时，武惠妃是后宫中获得恩宠最多的一个妃子，她的亲生骨肉寿王李瑁也是玄宗最疼惜的一个皇子。奸臣李林甫千方百计向武惠妃表明自己对寿王的忠诚，因此，武惠妃时常在玄宗面前褒扬李林甫。没过多久，李林甫就被擢升为黄门侍郎。

　　735年，李林甫再次受到提拔，跟裴耀卿、张九龄等同朝为相。在所有的宰相中，李林甫最擅长溜须拍马，因此也最讨玄宗欢喜。

　　736年秋天，玄宗居住在东都洛阳。按照原计划，应该在次年早春起程返回西京长安，但由于洛阳宫内时有异兆发生，玄宗便与众宰相商讨提前返回长安。裴耀卿和张九龄都觉得当时正处于秋收时节，回西京所过之处官府难免要抽调人手安排接驾事宜，这样恐怕会耽误了各地的秋收，所以他们向唐玄宗建议多留一个月，待各地秋收完毕，再起程西去。李林甫知道玄宗归心似箭，便在离开前借故迟走一步，待裴耀卿和张九龄走远了，才对玄宗说："东西两宫都是皇家的宫苑，陛

唐纪 下·后梁纪·后唐纪·后晋纪·后汉纪·后周纪　　唐纪 下

下可以自由往来,又何必等待什么时机呢?就算是耽误了秋收,也可以明年用免征沿途郡县赋税的方式进行补偿。陛下放心,我现在就去通告群臣安排行程。"玄宗听了以后非常开心,立即命李林甫全权负责起程事宜。第二天,玄宗就带着文武百官动身西行了。李林甫的这一举动使得龙颜大悦,同时,也使玄宗开始对张九龄心生不满。

当年,玄宗打算拜李林甫为相时,曾经问过张九龄的看法。张九龄说:"封侯拜相都关系到社稷的兴衰。陛下有意拜李林甫为相,我却担心他以后会成为国家的祸害。"玄宗没有把张九龄的话放在心上,执意将李林甫提升为宰相。因为当时学识渊博的张九龄深受玄宗的赏识,所以,尽管李林甫心里痛恨张九龄,表面上对张九龄却依然百般奉承讨好。

后来,执政几十年的玄宗开始沉溺于腐朽放荡的酒色生活,疏于朝政。张九龄对玄宗的每一个疏忽或错误都会直言不讳地指出来;而李林甫却恰恰相反,他总是先察言观色,然后顺着玄宗的心意说话,还常常找机会诋毁张九龄。

不久,玄宗打算封范阳节度使张守珪为相,提拔朔方节度使牛仙客为尚书。张九龄坚决不同意玄宗的这个提议,玄宗对此非常生气。李林甫借机搬弄是非。736年底,玄宗把张九龄改封为尚书右丞相。后来,由于张九龄推举的监察御史周子谅弹劾牛仙客,并胡乱讲吉凶,玄宗大怒,又把张九龄贬降为荆州长史。朝中大权落入李林甫的手中。

张九龄任职宰相期间,耿直贤明,从不趋炎附势,敢于犯颜直谏。他提出并施行了一系列利国利民的举措,如张九龄认为人民是治国之本,应鼓励农耕,避免战祸;他主张任用官吏应该选择贤能的有识之士,而不应该任用浮华于世、言过其实的吹嘘者;张九龄还清醒地认识到地方官吏的重要性,规定没有在地方任过职的人不能担当侍郎和列卿等朝中要职;他还提出恢复府兵制,以加强朝廷对军队的掌控。张九龄所提出的这些方针和政策,缓和了多种矛盾,加强了中央集权,延续了开元盛世的年景。

作为一代明相,张九龄目光远大,性格忠直,有"曲江风度"的美誉,成为后世的楷模。作为一代文豪,张九龄的诗歌成就颇高,独具"雅正冲淡"的神韵,对岭南诗派的开创起了启迪作用,也是盛唐山水田园诗派的一位先导,其"海上生明月,天涯共此时"的千古名句流传至今。可以说,张九龄在政治和文化上都取得了突出的成就。

▲(唐)青灰釉褐绿彩菱叶纹瓜形水注
该水注青釉绿彩,上饰菱叶纹,美观大方,体现了匠人高超的捏塑技巧。

少年读全景
资治通鉴故事6

▶ 唐纪 下·后梁纪·后唐纪·后晋纪·后汉纪·后周纪　▶▶ 唐纪 下

李林甫是唐玄宗时的奸相，他口蜜腹剑，阳奉阴违，因擅长阿谀逢迎之术而骗得了玄宗的信任和好感，由一个宫廷侍卫升到了宰相之职，呼风唤雨十九年。与他同时为相的张九龄、裴耀卿、李适之等皆被他排挤，遭到罢免。李林甫为人表面和蔼可亲，背地里则狠毒狡诈，《资治通鉴》曾提到说："世谓李林甫，'口有蜜，腹有剑'。"

唐纪 下
李林甫口蜜腹剑

▼口蜜腹剑
唐玄宗后期宠信奸佞，让李林甫这样嘴甜心狠的奸臣大行其道，在朝中一手遮天，无恶不作。

善于钻营，登上相位

李林甫出身于李唐宗室，是李渊堂弟李叔良的曾孙。他擅长音律，但是没有什么才学，是一个投机取巧、笑里藏刀的奸诈小人。最开始，李林甫只是一个小小的皇宫侍卫千牛直长，到了唐玄宗执政期间，他才升任为太子中允。当时，李林甫的舅舅与高居侍中之职的源乾曜是姻亲，李林甫便利用这层关系，逐渐爬到了国子司业的位置。726年，李林甫又升任为御史中丞，后历任刑部侍郎和吏部侍郎。到了这时，他已经进入唐朝的统治高层内部。

当时，颇有心计的李林甫知道武惠妃最受皇上恩宠，便使出浑身解数讨好武惠妃，借武惠妃的美言把自己的"优点"展现在玄宗的面前。

734年，中书令萧嵩奉命选相。萧嵩经过仔细考察，最后决定举荐尚书右丞韩休。宦官高力士把这个信息透露给武惠妃，武惠妃便让李林甫把这个消息传达给韩休。韩休拜相以后，误认为是李林甫在暗中出了力，便对他感恩戴德，却与真正对自己有知遇之恩的萧嵩结下了很深的矛盾。后来他大力举荐李林甫为相，同时，武惠妃也时常在玄宗面前褒扬李林甫。735年，李林甫被提拔为礼部尚书、同中书门下三品，并加赐银青光禄大夫。从此，李林甫登上了宰相之位。

笑里藏刀，排斥异己

擅长投机逢迎的李林甫常常跟宦官、嫔妃们套近乎，借此掌握了玄宗的脾气秉性。因而他总能揣度圣意然后再进言上奏，讨得玄宗的欢心。当时朝中有三位宰相，张九龄博学多才，是著名的诗人和学者；侍中裴耀卿文采飞扬，资历极深；唯独李林甫学识浅薄，只懂阿谀奉承。所以，李林甫非常妒忌其他两位宰相。后来，玄宗执政太久，开始有些怠于政务了。每当玄宗召集他们三人研究国事时，张、裴二人都直言不讳，坚持原则；而奸诈的李林甫则一面逢迎圣意，一面挑起事端，在唐玄宗和张、裴二人之间制造摩擦，借以排挤二人。

李林甫经常找机会逢迎玄宗，借以巩固相位。而且，心胸狭窄的李林甫还不能容忍其他人受宠，一听说玄宗夸赞谁，他事后必定会暗中设计陷害。有一次，玄宗在勤政楼观看乐舞。兵部侍郎卢绚以为玄宗不在，骑上战马经过楼下。玄宗见其身形矫健，英姿飒爽，不禁赞不绝口。第二天，李林甫就以公事为名召见卢绚儿子，对他说："你父亲向来威名远扬，现在交、广两地需要人才，如果他觉得路途太远而不想远行，就降职，不然就以太子宾客、詹事去洛阳任职，如何？"卢绚知道后十分惊恐，连忙答应去洛阳，但李林甫怕别人议论，于是任他为华州刺史。

户部侍郎萧炅胸无点墨，是由李林甫举荐为官的。有一次，萧炅跟中书侍郎严挺之一起去参加庆吊活动，在读《礼记》中的"蒸尝伏腊（音'西'）"时，萧炅错读为"伏猎"。严挺之特意又问了一次，萧炅依然读为"伏猎"。严挺之非常无奈，对张九龄说："想不到朝中竟然有个'伏猎侍郎'！"于是，张九龄弹劾萧炅目不识丁，萧炅

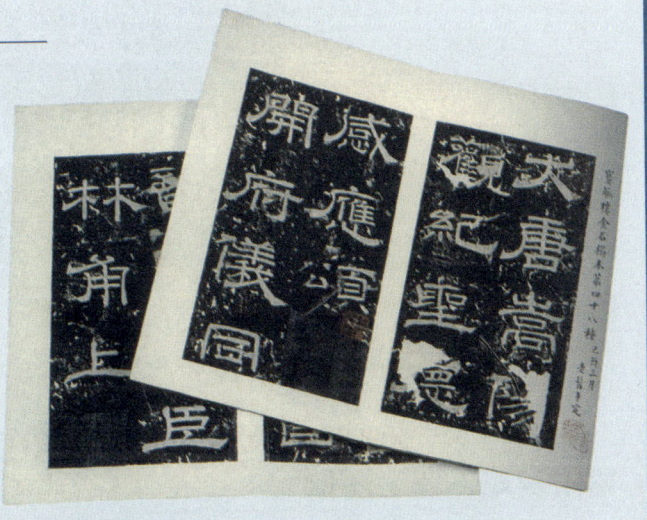

▲ 大唐嵩阳观纪圣德感应颂（明拓）

唐天宝三载（744）立。碑在河南登封嵩阳书院外。隶书二十五行，行五十五字。书尾周肇祥跋，评拓本书体和唐代历史并兼述立碑缘由，颂方士炼丹。钤"养居士金石书画印信"章。李林甫撰，徐浩书，裴迥篆额。

即被降为岐州刺史。

李林甫因此非常记恨严挺之，便寻机报复。蔚州刺史王元琰的夫人是被严挺之休掉的前妻。王元琰因触犯刑律被打入大牢，严挺之想办法去搭救王元琰。李林甫向唐玄宗告状，说严挺之袒护王元琰，应负连带责任。张九龄说这中间不可能有私情。唐玄宗笑说："尽管分开了，仍然有私情。"张九龄不方便再多说，便托付裴耀卿替严挺之开脱。李林甫借机进言说裴耀卿和张九龄是同党。玄宗即以"私结朋党"的罪名剥夺了其二人的参政权利，并将严挺之降为洺州刺史。

752年，李林甫因病辞世，尸骨未寒就有人检举他的罪行。玄宗立刻下令收回李林甫所有官职爵位，还下令没收他的全部家产，并把他的家人流放到岭南、黔中。李林甫的最终结局如此凄惨，皆因他平时坏事做尽，可说是咎由自取。

杨国忠弄权误国

唐纪 下

唐玄宗统治后期宠信杨贵妃，杨氏家族因此"一人得道，鸡犬升天"。杨贵妃的堂兄杨国忠是一个市井无赖，也凭着与贵妃的亲戚关系，当上了高官。他当宰相期间，横行无忌，大肆揽权，肆意妄为，无恶不作，满朝文武皆敢怒而不敢言。可以说，杨国忠的兴风作浪加速了唐王朝的衰落。

攀附贵妃，登上高位

杨国忠本名杨钊，是蒲州永乐（今山西芮城西南）人，从小游手好闲，痴迷于酗酒赌博，所以生活十分拮据，常常外债缠身。杨国忠三十岁时应征入伍，在战场上表现得十分勇猛，但由于难以博得上司的好感，只做了一个下级军官。

没过多久，杨玉环入宫为妃，她的亲姐姐也跟着受宠，地位骤升。杨国忠看准形势，利用亲属关系千方百计地讨得杨家姐妹的欢心。于是，杨家姐妹常常在玄宗面前夸奖杨国忠，让他有机会得到玄宗的召见。随后，杨国忠被擢升为参军，开始了为官生涯。

杨国忠充分把握住杨家姐妹受宠的大好机会，苦心钻营。在宫里，他想尽办法亲近讨好杨贵妃及其姐妹，曲意逢迎；在官场上，他挖空心思奉承朝廷重臣，拉拢关系。每次宫内设宴，杨国忠都留心管理账册，玄宗十分看中他的细心乖巧，便提拔他为监察御史，没过多久又擢升他为工部侍郎，并兼任侍御史。在短短的一年之内，杨国忠就兼任了十五种职务，跻身朝廷重臣的行列。

748年，杨国忠向玄宗提议，让各地官员把官库中的粮食布匹统统卖掉，然后买进其他货物送入京师。同时，他还要求各地把收缴上来的赋税、田租也都兑换成货物充入国库。所以，杨国忠常常向唐玄宗汇报称大唐的国库十分殷实。

749年，玄宗带领文武大臣巡检国库，见国库内果然货物堆积如山。龙颜大悦的玄宗立刻对杨国忠大行封赏。此后，杨国忠越来越受器重。

◀（唐）宝相花鎏金银碗

宝相花是我国传统装饰纹样之一，盛行于隋唐时期。一般以某种花卉（如牡丹、莲花）为主体，中间镶嵌形状不同、大小粗细有别的其他花叶。花蕊和花瓣基部用圆珠作规则排列，像闪闪发光的宝珠，加以多层次退晕色，显得富丽、珍贵，故名"宝相花"。金银器、敦煌图案、石刻、织物、刺绣等常有宝相花纹样。

750年，杨国忠上疏说图谶上有"金刀"二字，跟自己名字中的"钊"字暗合，所以请求玄宗改赐新名。玄宗便把"国忠"两个字赐给他作名，暗表"为国效忠"的意思。

杨国忠在官场上平步青云，生活上也开始铺张奢靡。每次随同玄宗和杨贵妃出游华清宫之前，杨家众姐妹都要先在杨国忠的府邸集合，互相夸富比贵。

最开始，杨国忠跟宰相李林甫是彼此利用的关系。杨国忠为了能够升迁，便极力奉承李林甫；而李林甫也想借助杨国忠跟杨贵妃之间的亲属关系巩固自己的地位。但是后来，新旧权贵之间的利益之争使两人的关系完全破裂。杨国忠经常在玄宗面前陷害李林甫，玄宗开始逐渐冷落李林甫。其实，玄宗之所以这样宠幸杨国忠，除了为了博取杨贵妃的欢心外，还有趁机限制李林甫手中的权力，为日后派人顶替李林甫做准备的目的。

752年，李林甫去世，玄宗随即提拔杨国忠为宰相。

弄权乱政，死于乱刀

753年，关中地带接连遭遇水灾和粮荒，玄宗担心会影响粮食的收成。杨国忠只把长势良好的庄稼拿给玄宗看，玄宗便以为灾荒影响不大。以后每逢地方官员汇报灾情，杨国忠都先让御史严加审讯。久而久之，再也没有人敢说实话了。

杨国忠追求战绩，动不动就对边境的少数民族使用武力，致使无数官兵命丧边疆，同时也扰乱了少数民族地区老百姓的安定生活。

杨国忠为了扩大自己的实力，笼络人心，便以资历取仕，即做官的时间越长，就越能得到重用。依照惯例，如果宰相同时身兼兵部尚书和吏部尚书，那么选仕的工作就应该由侍郎以下的官吏负责，并且选仕要经过非常严格的选拔程序。杨国忠却一手遮天，事先就把要提拔的官员的名字写在一张纸上，然后让具体办事的官吏按照名单去选仕。如此一来，选仕大权就掌握在杨国忠一个人的手中。此后，唐朝新任官员的素质直线下降。

755年，史上著名的安史之乱爆发了。安禄山借口讨伐杨国忠赫然发动叛乱。在这以前，安禄山根本没把杨国忠放在眼里。杨国忠接手相位后，发现无法收服安禄山，就常常上奏说安禄山野心勃勃，图谋不轨，想要借助唐玄宗的力量铲除安禄山。但玄宗却以为这只是将相失和，并未理会。

此后，安禄山与杨国忠积怨越来越深。而且杨国忠拜相以后，贪财求货，腐败堕落，导致民怨四起。安禄山便打着讨伐杨国忠的旗号兴兵叛唐。

756年夏天，叛军攻占了军事重镇潼关，逼近长安。玄宗听从杨国忠的主张，带领随从仓皇逃向成都避祸。在去往成都的路上，杨国忠被愤怒的唐军将士乱刀砍死。

杨国忠搅乱政局，祸国殃民。安史之乱后，盛极一时的唐朝开始走向衰落，杨国忠难辞其咎。

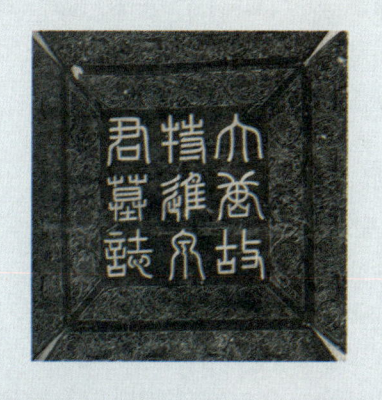

▶（唐）泉元德墓志（局部）
1922年出土于河南洛阳邙山，现藏于河南省图书馆。志盖篆书"大唐故特进泉君墓志"，阴文字三行，行三字；志文楷书四十六行，行四十七字。拓本一轴，为王德真撰，欧阳通书。志文历述高句丽人泉元德的仕官履历，可补两唐书之不足。

少年读全景
资治通鉴故事 6

唐纪 下·后梁纪·后唐纪·后晋纪·后汉纪·后周纪　　唐纪 下

唐纪 下

安禄山与安史之乱

唐玄宗开元初期天下太平，国富民强。然而，玄宗在统治后期宠信奸臣，疏于朝政，使得奸佞当道，纲纪废弛，军备不整。手握范阳、平卢、河东三镇重兵的节度使安禄山早怀狼子野心，趁此时机兴兵造反，发动了安史之乱，使盛极一时的唐朝元气大伤，从此战祸不断，民不聊生，唐王朝开始走向没落。

凶残暴戾，因功受封

安禄山是营州柳城（今辽宁朝阳）胡人，父母均是胡人。其父很早就去世了，他从小跟随母亲在突厥部落里生活，长大成人后，在军队里做了一名小军官。安禄山非常暴戾，而且狡猾奸诈，擅长窥度别人心理。

732年，节度使张守珪派安禄山跟史思明一起带兵讨伐契丹。英勇善战的安禄山对当地的地形十分了解，所以每次都能借助地势以少胜多，大败敌军。因此，他很快就被擢升为偏将。后来，他又因屡战屡胜、骁勇无比而受到张守珪的青睐，张守珪将其收为义子，并授封他为员外左骑卫将军。

四年后，安禄山在领兵征讨契丹时溃败，张守珪奏请朝廷将其处死谢罪。以往安禄山上朝奏事时，宰相张九龄对别人说："日后祸乱朝权的人，一定是这个胡人。"所以，此次见张守珪竟主动为义子请罪，张九龄立即抓住时机，也上疏朝廷，请求把这次出兵失利的安禄山处死，

但是玄宗并未准奏。

740年，御史中丞张利贞出任河北采访使，安禄山百般巴结，还用重金贿赂他的手下，以图结交。多次接受贿赂的张利贞回朝复命时，便在玄宗面前大力夸赞安禄山。果然，没过多久，安禄山就被提拔为营州都督，兼任顺化州刺史。尝到甜头的安禄山在任期间，大肆贿赂过往的使臣。得到好处的使臣们回京后都在玄宗面前褒扬安禄山。听众人如此夸赞安禄山，玄宗越来越欣赏这位新刺

▲安禄山发兵反唐

安禄山反叛之心由来已久，他一直暗中积蓄实力。待到时机成熟，他便打着"清君侧"的旗号，发动叛乱，攻陷东都洛阳，直逼长安。叛乱导致大唐帝国由盛转衰。

唐纪 下·后梁纪·后唐纪·后晋纪·后汉纪·后周纪　　　唐纪 下

史，便开始逐渐对其委以重任。

742年，安禄山奉诏入朝，唐玄宗非常宠信他。744年，安禄山奉命顶替裴宽兼任范阳节度使。此时，与安禄山同流合污的礼部尚书席建侯在唐玄宗面前极力夸赞安禄山大公无私，裴宽与宰相李林甫也点头附和。玄宗心想此三人均为自己平素里极为信任之人，他们的话一定不会错，于是对安禄山更加器重了。

745年，安禄山想求功争宠，便时常派人进犯契丹，忍无可忍的契丹毅然兴兵反唐。随后，安禄山上奏朝廷，请求委派一位边帅统领大军讨伐契丹。当时，李林甫认为文臣拜相会威胁到自己的地位，而番人胸无点墨，则不足为惧。为了维护自己的利益，李林甫便上奏说文臣柔弱，难当此任，而番将威武，定能一战告捷，遂请玄宗选择番将封帅。当时玄宗也有平定边患的愿望，所以便同意了李林甫的主张，拜安禄山为边帅。

▼安禄山献媚
安禄山混迹军营，当上三镇节度使，逐渐飞黄腾达。他要尽手段谄媚唐玄宗和杨贵妃，却暗藏野心，最终发动叛乱。

讨好贵妃，暗蓄势力

747年，安禄山上朝觐见。玄宗让杨家兄妹称其为兄长，安禄山见杨贵妃如此受宠，便不顾自己年长而认她作养母，以此巴结杨贵妃。从此，安禄山竭力侍奉这位年轻的养母，开始随意进出皇家后宫。

每次上朝，安禄山都会先拜杨贵妃，然后才去拜玄宗。玄宗对此大惑不解，问他这么做的原因，安禄山回答说："胡人先拜母后拜父。"

安禄山身材肥硕，他平时走路必须有人在旁边扶着，以防止跌倒；骑马上朝时，半路上必须换一次马，如若不然，马就会被累倒。玄宗见他这样臃肿，就问他肚子里装着什么。安禄山趁机拍马屁道："只有一颗忠心罢了。"玄宗听了大笑不已。虽然安禄山体形肥胖，但他在为唐玄宗跳舞时却异常灵巧，行动自如。

后来，玄宗将安禄山封为郡王，并在长安为

他修建了一处跟其他王公贵族府邸不相上下的豪华宅院。安禄山住进去后，玄宗还天天差人陪安禄山宴饮寻欢。

玄宗执政后期，朝纲废弛，军备不整。他重用奸臣李林甫，还因宠爱杨贵妃而大肆封赏杨家亲属。这些人仗势欺人，鱼肉百姓，毁坏纲纪，文武百官虽然愤怒不已，却都不敢得罪他们。而此时的安禄山则瞄准时机，趁众人注意力都集中在杨氏一族身上时，暗中积蓄兵力，招兵买马，蓄谋造反。

发兵叛唐，死于非命

大奸臣李林甫去世以后，杨国忠接替相位。平素里安禄山一直非常瞧不起杨国忠，而杨国忠也非常讨厌安禄山，常常在玄宗面前诬陷安禄山，以致二人的关系异常紧张。

755年冬天，筹备妥当的安禄山打着征讨杨国忠的名号，在范阳兴兵谋反。安禄山带领十五万人马从河北平原出发，一路上浩浩荡荡，军鼓擂动。叛军直逼洛阳，沿途州县官吏有的逃有的降。安禄山的军队一路南行，很少遭遇大的阻击。

安禄山兴兵造反的事情传到长安后，唐玄宗居然不肯相信这个事实，觉得是有人故意造谣生事。直到各地传来紧急战报，玄宗这才慌忙召集群臣商讨对策。玄宗最后决定，由大将封常清负责到洛阳招募军队反击叛军。然而，因为临时招募的士兵并没有经过系统的操练，所以，他们在强大的叛军面前一触即溃。没过多久，洛阳就失陷了。

756年，安禄山在洛阳自立为帝，定国号为"燕"，建元"圣武"。同年夏天，叛军在潼关大败唐军，直逼长安。玄宗见势不妙，仓皇逃向成都。

虽然叛军一路势如破竹，但不久后就发生了内讧，安禄山被他的儿子安庆绪杀害了。唐军终于等到了机会，趁乱联合回纥援军展开反击，夺回了长安和洛阳两座都城。没过多久，安庆绪也被安禄山的部下史思明杀害。史思明掌握了叛军的统领权后，重整军队再次攻陷洛阳。随后，他也在洛阳称帝，国号仍然是燕。但是没过多久，弑父的一幕再次上演，史思明也被儿子杀掉了，这场长达近八年的叛乱至此宣告结束。唐朝历经战乱，元气大伤，虽然形式上仍然保持统一，但已经无法掌控地方势力了。不久，叛军余部在北方形成多股割据势力，并逐渐脱离了中央政府管辖，随后，这种分裂趋势开始逐渐蔓延到其他地区。

▲（唐）戴嵩《斗牛图》

戴嵩，唐代画家，擅画田家、川原之景，所绘水牛尤为著名，后人谓其"得野性筋骨之妙"。相传他曾画饮水之牛，水中倒影，唇鼻相连，可见其观察之细致。此图绘两牛相斗的场面，风趣新颖。一牛前逃，似力怯，另一牛穷追不舍，低头用牛角猛抵前牛的后腿。双牛用水墨绘出，以浓墨绘蹄、角，点眼目、鬃毛，生动传神地画出了斗牛的肌肉张力、逃者喘息逃避的憨态、击者蛮不可挡的气势。牛之野性和凶顽尽显笔端。

唐纪 下

马嵬驿兵变

安史之乱爆发后，叛军打着征讨奸相杨国忠的旗号，一路势如破竹，连战连捷，直逼唐都长安。玄宗闻讯，慌忙带着宫眷离开长安，准备西逃入蜀。队伍行至马嵬驿时，士兵们发动兵变，诛杀了杨国忠，并逼迫玄宗，使其下令缢死了杨贵妃。

叛军逼城，玄宗出逃

755年冬天，安禄山在范阳兴兵，假称奉朝廷密旨发兵征讨杨国忠。当时，不少州县守军还没等叛军兵临城下，竟纷纷望风而逃。于是，叛军一路势如破竹，很快就控制了中原的大部分地区。

次年夏天，安禄山带兵打进潼关，玄宗只好丢下臣民，带着杨家兄妹出长安准备逃往蜀中。这个时候形势十分危急，玄宗让几个宦官先行一步，到前方各州县通知地方官吏安排食宿，准备接驾。

玄宗一行人抵达咸阳后有些失望，当地的县令和玄宗事前派出去的宦官都已经逃走了。他们又走了很久，却始终没有人为他们提供食物和住处。护驾的宦官费尽了九牛二虎之力才从百姓家里要来一些高粱饽饽给众人充饥。那些平日里锦衣玉食的皇家子弟从来没有吃过这样的食物，但饥饿难耐，只好将这些粗粮强咽下肚。唐玄宗刚吃了几口，就难过得流下了眼泪。

就在这时候，一路上奔波劳顿的随行护卫纷纷表示受不了忍饥挨饿的长途行军，都停了下来，不肯继续上路。护卫们拒绝前进，给太子李亨和陈玄礼消灭杨国忠制造了一个非常好的契机。

将士生怨，杀相缢妃

太子李亨和陈玄礼命人在军中散布言论，说这次叛军谋反的根本目的就是讨伐杨国忠，如果杀掉了杨国忠，叛乱自然就会平息。

这时，恰好有一队去长安朝拜的吐蕃使者路过此地，请求拜会唐玄宗。李亨和陈玄礼便设计，命宰相杨国忠前去接待。等到杨国忠走后，李亨立即派人在军中再次散布谣言，说杨国忠跟吐蕃使者密谋造反。于是，在李亨和陈玄礼的授意下，御林军未经审讯就把杨国忠和那些吐蕃使者全部处死了，同时还诛杀了杨家上下几十口人。韩国夫人、秦国夫人和杨国忠的长子太常卿兼户部侍郎杨暄同遭杀戮，而杨国忠的夫人裴柔带着年幼的孩子同虢国夫人一起逃到了陈仓。后来，走投无路的裴柔在绝望中让虢国夫人用剑刺死了自己，随后虢国夫人也举剑自尽，但她一剑刺下，却没能马上咽气，后来被

▲ 杨贵妃墓
该墓位于今陕西兴平马嵬驿。据文献记载，唐肃宗至德二载（757），唐军收复长安，玄宗回京，曾密令人将杨贵妃迁葬。因此该墓究竟是原来的墓还是迁葬后的墓，或者只是杨贵妃的衣冠冢，尚无确证。

少年读全景
资治通鉴故事 6

▶ 唐纪 下·后梁纪·后唐纪·后晋纪·后汉纪·后周纪　　▶▶ 唐纪 下

▲（唐）韩滉《五牛图》
韩滉画五牛以喻自己兄弟五人,以牛的品性来表达自我内心为国为君的情感。此画是以物寄情的典型之作,笔法精妙,线条流畅,形神俱佳,表现出高超的笔墨技巧,是难得的唐画佳作。

马嵬驿兵变

当地县令捉进大牢,最终因失血过多而亡。

参与马嵬兵变的有两类人,一类是御林军中的普通士兵,他们都觉得安史之乱的始作俑者是宰相杨国忠,应该将其斩首以平民愤。还有一类是东宫太子李亨和御林军的首领陈玄礼等,这一类人是这次兵变的直接策划者。早在长安的时候,杨国忠就与他们不合,双方互相排挤,争夺权势,甚至到了你死我活的地步。逃离长安之前,玄宗本想留下太子李亨监国,让他来解决这次政治危机,但是因为杨国忠和杨贵妃拼命阻拦,玄宗打消了这个念头。于是,太子李亨失去了一次继承皇位的机会,因此双方矛盾更加尖锐了。此次玄宗逃往成都避难,其实是宰相杨国忠经过深思熟虑才做出的决定。因为成都在杨国忠的势力范围之内,一旦到了那里,杨国忠就可以为所欲为。而李亨和陈玄礼意识到了这种潜在的危机。于是,李亨和陈玄礼决定在抵达之前先把杨国忠杀掉。

杀掉了杨国忠以后,士兵们依旧不肯继续前行。玄宗让高力士去问原因,士兵们回答说:"祸根还没有除掉。"他们的言外之意是:虽然杨国忠死了,但是他的靠山杨贵妃还留在皇上身边,且深得宠幸。士兵们担心杨贵妃日后会寻机报复,所以提出唐玄宗赐死杨贵妃后才能继续前进。玄宗左右为难,既舍不得杀掉爱妃,又想快点上路。他沉默了很久,才说:"深居内宫的贵妃怎么知道宫外的杨国忠企图造反呢?"高力士心里清楚,如果不赐死杨贵妃,就无法抚慰士兵的情绪,于是,他劝说玄宗道:"贵妃本身是无罪的,可是现在将士们处死了杨国忠,他们都很害怕贵妃日后寻仇。倘若贵妃不死,他们怎么能安心上路呢?请皇上重新斟酌,将士们安心上路,皇上也就能够逃过这一劫了。"最后,玄宗在迫不得已的情况下,只好忍痛舍弃了杨贵妃。高力士将杨贵妃缢杀后,士兵的情绪才得到安抚。三十八岁的杨贵妃就此香消玉殒,随后被匆匆埋葬,无限凄凉。

杨贵妃的不幸结局使玄宗情绪低落到了极点,随后,他打算把皇位让给一直随行的太子李亨。于是,父子二人在马嵬驿兵分两路。玄宗继续去成都避难;而李亨则往反方向挺进,集合大唐残部。没过多久,李亨在灵武登基称帝,遥尊玄宗为太上皇。

少年读全景
资治通鉴故事 6

▶▶ 唐纪 下·后梁纪·后唐纪·后晋纪·后汉纪·后周纪　　▶▶ 唐纪 下

▲（唐）彩绘陶牛
辽宁朝阳唐墓出土。此牛俑威武健壮，辔绳俱全，应为驾辕牛，所驾之车可能是木制，已朽坏不存。

马嵬驿兵变

少年读全景 资治通鉴故事 6

唐纪 下·后梁纪·后唐纪·后晋纪·后汉纪·后周纪

唐纪 下

中兴名将郭子仪

郭子仪，华州郑县（今渭南市华州区）人，唐代中兴名将，是一位杰出的军事战略家，历仕唐玄宗、唐肃宗、唐代宗和唐德宗四朝，均担任要职，安史之乱爆发后更是挺身而出，力挽狂澜，挽救了岌岌可危的大唐政权。郭子仪为人仁厚随和，对国家忠心耿耿，从不计较个人得失，唐朝史官裴垍曾赞他："权倾天下而朝不忌，功盖一代而主不疑，侈穷人欲而君子不之罪。"

临危受命，平定叛乱

郭子仪是武举出身，他的父亲郭敬之曾经担任刺史之职。郭子仪精通武略，通过武举考试后补任左卫长上，后又做过几路大军的军使。749年，唐朝在木剌山设置横塞军和安北都护府，郭子仪被封为左武卫大将军，负责统领军队。

安禄山发动叛乱后，没过多久便攻陷了东都洛阳。唐玄宗封郭子仪为卫尉卿，兼任灵武郡太守和朔方节度使，负责带兵东征，抗击叛军。郭子仪带领大军从单于府出发后，攻占了静边军（今山西朔州右玉），斩杀了叛将周万顷，并在河曲打退了叛将首领高秀岩，然后夺回了云中、马邑，开通了东陉关，为唐军日后挥师河北扫除了障碍。后来，郭子仪因战功卓著而被提升为御史大夫。

宦官误军，兵败免职

后来，唐肃宗害怕颇有名望的郭子仪拥兵自重，便不肯把军权交到郭子仪手上。肃宗下令，此后军中不再设置主帅职位，并任命宦官鱼朝恩为观军容宣慰处置使，监管全军。郭子仪带领大军围困了安庆绪据守的邺城，并采取水攻战术——引漳水攻城。此时邺城内粮草不济，一只老鼠居然都能卖到四千钱的高价。这正是攻城的大好时机，可惜唐军群龙无首，没有统一的作战部署，最终错失了攻城良机。

这时，史思明劫走了唐军的粮草，然后采取出其不意、虚实结合的战术攻击唐军。正当唐军与史思明叛军奋力作战时，忽然刮起一阵狂风，战场上立刻飞沙走石，将士们视线模糊，难辨敌我，两军混战，均遭受重创。随后，郭子仪引军退至河阳，护卫东京。

其实，这次唐军出征受挫，完全是鱼朝恩的责任，但他为了逃避处罚，居然推卸说是郭子仪没有全力杀敌。于是，肃宗立刻把郭子仪召回京师，并收回了他的兵权。随后，肃宗又任命

▶ 郭子仪像
郭子仪(697～781)，唐代著名的军事家。郭子仪一生仕玄、肃、代、德四朝，是唐代中期重要的军事、政治人物，他在河北大败史思明，功居平乱诸将之首。

李光弼为天下兵马副元帅,取代了郭子仪。于是,虽然当时大唐王朝依然在内忧外患中痛苦挣扎,但是郭子仪却赋闲在京无事可做。

重掌军权,平叛安边

762年春天,绛州因军饷难以为继,军心动摇。其中一位将领王元振以兵士想念郭子仪为由制造兵变,斩杀了都统李国贞。见将士兵变,肃宗立刻把郭子仪提封为汾阳郡王,并命他以朔方、河中、北庭、潞、泽等州节度行营的身份,兼任兴平、定国等军副元帅,把守绛州。郭子仪虽然再度被启用,但他并没有因此而宽恕帮助自己重回军中的王元振。他先是严厉地谴责王元振斩杀主帅为敌军制造了偷袭机会,然后又将王元振等四十多位合谋者斩首示众。随后,郭子仪全力解决军队供给问题,稳定了军心。

不久,唐代宗继承大统,把大批的边疆守军调回中原,以镇压安史之乱。这时,西部的吐蕃和党项等族趁机向东扩张,占领了凤翔以西、邠州以北的大部分地区。郭子仪意识到任其发展可能造成严重后果,便上奏请求朝廷重视边患问题,代宗却没有理会。

763年秋天,吐蕃举兵东侵,代宗这才开始重视边疆问题,急命关内元帅雍王李适和副元帅郭子仪领兵镇守咸阳御敌。但由于郭子仪此前长期闲居京城,部下早已离散,只好临时招募,征得骑兵二十人起程,而这些人对阵二十多万敌军,显然是螳臂当车。郭子仪于是向代宗求兵增援,但因宦官程元振故意从中作梗,代宗并没有接到求援信息。

吐蕃兵临长安,代宗慌忙逃往陕州。郭子仪沿着秦岭向东进发,一路收整唐军散兵,最后在商州驻扎下来。郭子仪料到从商州到蓝田一带有唐军镇守,吐蕃必定不会贸然东行,在陕州避难的代宗并不会受到威胁。因此,郭子仪命令守军白天四处插旗摇鼓,制造声势;晚上到处点燃篝火,迷惑敌人。与此同时,他还命几百人晚上在长安城内敲鼓呐喊,并放出郭子仪即将领兵增援的消息。吐蕃大军被这浩大的阵势吓得慌乱不安,便仓皇引兵西撤。

同年冬天,代宗返回长安,郭子仪等列队接驾。代宗惭愧地对郭子仪说:"如果我能早点任用你,就不会有这场祸患了。"此后,郭子仪的威望更盛。

▲(唐)彩绘陶鸡
辽宁朝阳唐墓出土。以猪、狗、羊、鸡等动物殉葬是汉代以来的葬俗,唐代仍很盛行。

少年读全景
资治通鉴故事 6

▶ 唐纪 下·后梁纪·后唐纪·后晋纪·后汉纪·后周纪　　▶▶ 唐纪 下

▲（唐）彩绘骑骆驼陶俑
通高46厘米，辽宁朝阳唐鲁善都墓出土。唐墓中大量骆驼俑的出现，反映了唐代中西交往的频繁。骑骆驼者的造型、神态皆类于中原人。骆驼昂头摆尾，神气高扬，骑者侧身而坐，神态自然而生动。

仆固怀恩就束手无策了。

郭子仪的儿子郭晞闻讯，惊恐地对父亲说："如今那些旧将如狼似虎，父亲此去岂不是自投罗网！"郭子仪回答说："从现在的局势来看，如果交战，我们父子必死无疑，国家也将蒙难。但倘若我诚心去劝降，或许还有一线生机，也可免了一场灾祸。如若不然，就只能用我一个人的性命去换取全局的稳定了。"此时，仆固怀恩觉得自己骑虎难下，只好兴兵叛唐。

郭子仪抵达汾州，回纥军非常惊讶，回纥大元帅站在军前挽弓搭箭。郭子仪卸下铠甲，扔掉长枪，骑马缓步向前行进。回纥军各将领交首示意："没错，正是郭子仪！"于是，纷纷下马叩拜。郭子仪也下马走上前来，握着回纥大元帅的手轻声埋怨他不该举兵进犯大唐。

平定了安史之乱以后，河东节度使辛云京怀疑郭子仪旧将仆固怀恩跟回纥和吐蕃串通谋反，便密奏朝廷举报此事。仆固怀恩知道自己已被怀疑，所以不敢奉诏回京。于是，代宗向郭子仪询问除掉仆固怀恩的对策。郭子仪提出仆固怀恩的手下兵卒都是自己的旧部，他愿意出马统率这路大军，这样

二人经过一番沟通，尽释前嫌，回纥大元帅还应允出兵帮助大唐攻打吐蕃军，郭子仪便拿出美酒与回纥大元帅同饮。郭子仪大喊："有爽约者，身葬沙场，全族遭绝！"回纥大元帅也同样立下了誓言，两军将士大喜过望。

吐蕃军见大唐与回纥已结盟约，自己势单力薄，恐怕得不到便宜，只好趁着夜色逃匿了。

郭子仪一生征战，功勋昭著，直到八十四岁才解衣卸甲，他"权倾天下而朝不忌，功盖一代而主不疑"，天下人无不敬服。

中兴名将郭子仪

唐纪 下·后梁纪·后唐纪·后晋纪·后汉纪·后周纪

唐纪 下

李光弼是中唐时期著名的将领，与郭子仪齐名，世称"李郭"。他谋略过人，擅用奇兵，常能以柔克刚，以弱胜强，在平定安史之乱、稳定边境局势等方面功绩显赫。后世之人称赞他："自艰难以来，唯光弼行军治戎，沉毅有筹略，将帅中第一。"

唐纪 下
李光弼从严治军

李光弼与郭子仪撤回常山，史思明竟带领人马紧随其后。郭子仪与李光弼选派善战骑兵向后数次挑战，叛军不堪连续作战，精疲力竭的史思明只好暂时撤军。唐军趁势反攻，在沙河打垮了史思明的军队。此时，安禄山派调的援军抵达，实力激增的史思明重整旗鼓又展开反扑。李光弼与

出击河北，初战告捷

李光弼是营州柳城（今辽宁朝阳）契丹族人，他的父亲原是契丹族的首领，以勇猛善战著称，后来归顺了唐朝。李光弼自幼沉静内敛，性格刚强，非常喜欢读书，少年时应征入伍，屡立战功。746年，李光弼得到著名将领王忠嗣的提拔，晋升为兵马使。754年，军功显著的李光弼被晋封为朔方节度副使。

因朝廷对安禄山谋反毫无戒备，以致安禄山兴兵后一路势如破竹，沿途州县的防御在来势凶猛的叛军面前土崩瓦解。叛军在一个月内就占领了河北和河南的大部分地区，连东都洛阳也被叛军攻陷。唐玄宗在下令哥舒翰带领十多万大军镇守潼关以阻击叛军西行的同时，还急召朔方、河西、陇右各节度使领军奔赴京城。这时，李光弼在郭子仪的举荐下，上任为河东节度副使。

756年早春，李光弼带领人马从井陉向东，夺回了常山郡。

而后，郭子仪带领唐军抵达常山，跟李光弼的军队会合，两军联手大败史思明。首战告捷后，

▲李光弼地陷史思明

史思明率十万大军围击太原，李光弼命士兵在城外凿挖壕沟地道，直至叛军军营，用挖出的土加固城垒。待到叛军出营，李光弼命士兵发巨石猛击，并用埋设的地道陷敌，叛军死伤无数，太原之围解除。

▲（唐）伎乐骑俑及仕女陶俑

天水出土。四人骑俑，分别在马上打鼓、吹笛、吹排箫、弹琵琶。仕女俑双手合于腹下，似在歌唱。如此情景表现了唐代多姿多彩的娱乐生活。

郭子仪带领大军在嘉山与叛军决一死战，结果叛军大败，死伤无数。

嘉山一役，是安史之乱爆发以来唐军取得的一次大捷。这场胜利不但有效地遏制了叛军的强劲势头，还振奋了河北官军的士气，坚定了百姓对朝廷击败叛军的信心。此后，河北十多个州郡的军民纷纷自发组织队伍，斩杀守城叛将，这些州郡也都陆续回归唐朝。没过多久，太子李亨在灵武登基称帝，史称唐肃宗。肃宗重整人马，开始收复失地。李光弼也奉旨带领大军前往灵武会师。随后，李光弼又以户部尚书、节度使的身份兼任太原留守，奉命带领大军奔赴太原阻击叛军。

固守太原，歼灭叛军

757年初，叛军占领了整个河北地区。随后，叛将史思明、蔡希德、高秀岩和牛廷玠分别带领人马分为四路同时逼近太原。史思明妄想攻陷太原后，再领兵直接攻取大唐西北重镇。

史思明带领十万叛军围击太原，原以为不费吹灰之力就可以轻取此城，却没想到持续围攻一个多月也没取得什么进展。于是，史思明转换战术，选派骁勇的骑兵展开游击战，妄图抓住任何一个空档打开缺口，一举拿下太原。然而，史思明的这一战术并没起多大作用，因为一向以军令严谨著称的李光弼部队无论叛军是否攻城，都时刻保持警惕，毫不懈怠。

正当史思明带领大军围攻太原久攻不下的时候，叛军内部发生哗变，安庆绪杀了父亲安禄山后自封为帝，并命史思明撤守范阳，只留下蔡希德继续攻取太原。此时，叛军内部已经军心涣散。李光弼看准这一时机，亲自带领军队袭击叛军，结果斩杀叛军七万多人。蔡希德丢盔弃甲仓皇逃命。太原城的威胁被解除了。

李光弼只带领不到一万兵力，却与叛军的十万大军成功对峙了五十多天，并歼敌七万多。李光弼守住太原，不但保住了河东的这座军事、政治重镇，而且使叛军觊觎西北地区的企图破灭，也间接保卫了肃宗的西北根据地，更为重整军队平定安史之乱赢得了时间。

兵败邙山，愧恨而卒

李光弼在河阳打败史思明，不但使叛军停住了西行的步伐，而且还夺回了军事要地怀州，从而扭转了唐军遭受前后夹击的局面。就在这时，对行军作战一窍不通的监军鱼朝恩请奏朝廷，意图攻取洛阳。还沉浸在胜利的喜悦中的肃宗居然欣然应允，随即指派李光弼带兵直取洛阳。久经沙场的李光弼深知此时不是收复洛阳的最好时机，无奈肃宗执意要收回洛阳，只得与仆固怀恩领兵奔赴洛阳。

761年早春，唐军在洛阳以北的邙山排兵布阵。李光弼在察看地势以后，命手下将士依据山势布阵。但仆固怀恩却固执己见，选择在平原上驻扎。结果就在仆固怀恩安排设阵的时候，史思明出兵突袭唐军，导致唐军溃败。李光弼只好退据闻喜，鱼朝恩则趁乱逃回了陕州。而河阳守卫李抱玉得知唐军在邙山溃败后，居然弃城而逃。

邙山一役，唐军损失惨重，而且还丢掉了河阳和怀州这两座军事重镇。叛军乘势向西挺进，肃宗连忙增兵驻守陕州，以阻挡叛军西行。

事实上，唐军在邙山溃败的根本原因是肃宗选派不懂军事的宦官鱼朝恩担任总指挥，而担当副将的李光弼却一直羞愧自责，再三请奏免职。肃宗只好罢免了他的副元帅职位。

由于鱼朝恩大力提议收复洛阳，导致邙山兵败，他懊恼的同时，竟然把怒火发泄到郭子仪、李光弼身上。时任骠骑大将军的宦官程元振也是心胸狭窄、嫉贤妒能之辈，他非常忌妒李光弼的辉煌战绩。在肃宗统治末期，鱼、程二人狼狈为奸，时常诋毁李光弼，李光弼因此感到非常惊恐。

763年秋天，吐蕃军举兵侵犯京师长安。唐代宗立刻逃向陕州，命李光弼领兵救援。但李光弼却担心又遭鱼朝恩等奸臣陷害，便按兵不动。后来代宗回到长安后，把李光弼提升为东都留守，想要观察他的举动。而李光弼却借口去江淮运粮，带领人马回到徐州，不肯上任。代宗便差人将李光弼的母亲请到长安予以侍奉，想借此抚慰他。

764年秋天，年仅五十七岁的李光弼忧郁成疾，在徐州病逝，一代将星就此陨落。

▲（唐）宋俨墓志并序（清光绪年间拓）
唐建中四年（783）葬。志出土于北京昌平。楷书拓本二张合裱一轴，志文16行，行31字。前有"周藏孤本"之签。志盖篆书"宋公之铭"，志文叙宋俨历任官职履历，称其先后在幽州、河朔领兵，曾任太原河东节度使。此志对研究唐代官制、地理及北京史志均有所补。

少年读全景 资治通鉴故事 6

唐纪 下·后梁纪·后唐纪·后晋纪·后汉纪·后周纪　　唐纪 下

安史之乱爆发后,本是安禄山部将的颜杲卿毅然带兵抗击叛军,尽管他势单力薄,没能抵抗多久,但却为唐廷赢得了调兵遣将的宝贵时间。可以说,李唐政权之所以没有在安史之乱初期迅速瓦解,与他这样大义凛然的忠义之士关系甚密,而他们忠心为国、临危不惧的精神品质,也永远值得后人尊敬。

唐纪 下
颜杲卿舌断骂贼

组织力量,抵抗叛军

颜杲卿是京兆万年(今陕西西安)人,字昕。他是唐代著名书法家颜真卿的堂兄,二人同为大儒颜师古的五世从孙。颜杲卿的父亲颜元孙曾经就任濠州刺史。

755年,安禄山兴兵叛唐以后,常山太守颜杲卿是发兵抗击叛军的第一人。颜杲卿原本是安禄山的部将,安史之乱爆发后,他就开始组织兵马抗击叛军。当叛军抵达藁城时,他已经召集了一千多名勇士。颜杲卿深知以自己的实力不足以抵挡来势凶猛的叛军,经过深思熟虑以后,决定跟部下官员袁履谦假装归降叛军。

起初,安禄山并没有对颜杲卿的归降起疑心,依旧命他把守常山。但是老奸巨猾的安禄山还是按照惯例把颜杲卿的儿子和侄子带回军中做人质,然后派出亲信据守井陉关留心颜杲卿的一举一动。

于是,颜杲卿假称疾病缠身,闭门不出,暗地里却让儿子分别联络太原守将王承业和平卢节度副使贾循,约定等待时机杀进安禄山的根据地幽州。然后他又让侄女婿藁城尉崔安石在半路截杀准备去范阳带兵的安禄山亲信高邈。

后来,颜杲卿假意邀请安禄山的干儿子李钦

▼（唐）鸳鸯莲瓣纹金碗
纯金锤𬭎,广口,弧腹,圆底,圈足为喇叭形,外壁上锤𬭎有上下交错两层莲瓣。上层以动物纹修饰,如鸳鸯、鸭、鹦鹉、狐狸等,下层装饰以忍冬花。莲瓣空白处则布满云纹和各类飞禽,它们全都惟妙惟肖,充满生机。这件金碗是唐代金银工艺品中的杰作。

▶▶ 唐纪 下·后梁纪·后唐纪·后晋纪·后汉纪·后周纪　　▶▶ 唐纪 下

前来探讨军务。此时，颜杲卿的堂弟平原太守颜真卿已经在平原兴兵，杀掉了安禄山的使者段子光，还让外甥卢逖到常山联络颜杲卿。颜杲卿闻讯非常高兴，可他表面上却装得异常平静，因为这时李钦已经抵达常山城外。颜杲卿借口天色太晚，不便打开城门，请李钦到驿外暂住。随后，颜杲卿派人给他送去毒酒，李钦饮酒后中毒暴毙。

安禄山带领大军渡过黄河攻占洛阳以后，颜杲卿决定出兵抗击。这时，颜真卿已经募集了一万多的兵力，便差人联络颜杲卿，让他发兵占领井陉关，以堵死安禄山的退路。

部署完毕后，颜杲卿探知把守井陉关的叛将嗜酒如命，于是他便派人假传安禄山的口令，送去酒饭表示慰问。颜杲卿等到叛将酒足饭饱，醉得不省人事时，将其斩杀，然后带兵占领井陉关。

颜杲卿成功夺取了井陉关，大大地鼓舞了士气。第二天，将士们又活捉了两员叛将。随后，颜杲卿差人分头通告河北各郡的官吏称："朝廷已经调派了三十万人马剿伐叛党，目前大军正从井陉关出发，不日将抵达各郡县。受安禄山逼迫反唐的，早归降者将给予封赏，执迷不悟者将诛灭九族。"

各郡县的官吏听了这番话，纷纷响应颜杲卿。于是，河北大部分郡县很快又都倾向于唐军一方。

这时，安禄山正打算向潼关方向进军，却听说颜杲卿攻占了井陉关，河北各地已经

◀（唐）陶老妇侍俑
江苏无锡东郊江溪陶典村墓葬出土。唐代雕塑不仅形体华美，各阶层人物形象栩栩如生，人物内心世界也刻画得入木三分。此女侍俑虽没有社会地位，衣着也十分简朴，但仍显出悠然自得的神态。

颜杲卿舌断骂贼

改旗易帜，他不得不临时改变计划，领兵回到洛阳。

随后，安禄山在洛阳建立燕国，自封为帝，并命大将史思明和蔡希德各带一万兵力分为两路夹击颜杲卿。

尽管颜杲卿最初抵抗叛军时取得了几次胜利，但毕竟他兴兵时间不长，兵力不强，再加上常山附近的防御工事还没有修建好，所以，处于劣势的颜杲卿只好差人向太原方面请求支援。然而，太原守将王承业却不愿意发兵支援。

兵败被俘，喷血骂贼

史思明带领大军袭击常山。颜杲卿率领军民奋力抵抗，无奈实力悬殊，再加上给养不足，兵力不够，常山最终陷落。史思明进入常山后，居然放纵手下残杀了一万多名常山军民，然后才把颜杲卿和袁履谦押解到洛阳让安禄山处置。

安禄山让士卒把颜杲卿带到面前，斥责颜杲卿道："你原本只不过是范阳的一个小官，是我一手提升你为太守的，我什么事有负于你以致你要背叛我？"

颜杲卿大义凛然地说："你本是营州放羊的羯奴而已，窃得天子恩宠，天子有什么事亏待你以致你要反叛呢？我颜家世代忠良，恨不能杀你报答天子，怎能跟你一起谋反呢？"

安禄山大发雷霆，命手下人将颜杲卿绑在天津桥的柱子上，然后让刽子手一刀一刀地割他身上的肉，并把割下来的肉喂给他吃。他的鲜血染红了桥面和河水，可忠肝义胆的颜杲卿不但不叫一声疼，仍在怒骂安禄山的种种恶行。

于是，安禄山又让刽子手把他的舌头割下来，颜杲卿满口鲜血，依旧怒骂不止。最后，颜杲卿惨遭肢解而死，终年六十五岁。而另一位忠义之士袁履谦也未能幸免于难，同样被斩断手脚而亡。

颜杲卿为国捐躯后，张通幽害怕其他人知道自己的哥哥张通儒为安禄山卖命的事情，便隐瞒了颜、袁二人为国捐躯的真相，贾循也缄默不语，所以，颜杲卿没有得到追封赏赐。唐肃宗登基以后，颜真卿数次上疏喊冤，直到后来李光弼和郭子仪夺回了常山，肃宗才知道事情的真相。于是，肃宗杖杀了张通幽，并追封颜杲卿为太子太保，特许将其埋葬在凤栖原。

颜杲卿是抵抗安史叛军的第一人，尽管他从起兵到兵败时间不长，但是他所领导的抵抗行动，成功地拖延了敌军西行的步伐，为朝廷调派兵力、部署反击赢得了宝贵的时间。同时，他义无反顾地抵抗叛贼的精神，也极大地鼓舞了各地官民抗击叛军的决心。

▲颜杲卿画像

少年读全景
资治通鉴故事 6

唐纪 下·后梁纪·后唐纪·后晋纪·后汉纪·后周纪

唐纪 下

唐纪 下
书法大家颜真卿

颜真卿，字清臣，京兆万年（今陕西西安）人，唐代伟大的书法家、政治家，是中国书法史上继王羲之、王献之父子之后成就较高和极具影响力的书法家之一。他的"颜体"和柳公权的"柳体"有"颜筋柳骨"之誉。

博学多才，书法精湛

颜真卿是唐初著名大学者颜师古的第五代孙，三岁时父亲病逝，母亲带着他到外祖父家生活。他的外祖父擅长书画，母亲是一位既有学识又通情达理的人，两人看颜真卿聪明伶俐，就教他读书习字。颜真卿每次练字都全神贯注，一笔一画，毫不大意，常常一练就是一天。

颜真卿长大以后，不仅字写得好，学识也很渊博。734年，他参加科举考试中了进士，两年后被授予校书郎一职。后来，朝廷调他到醴泉县（今属陕西）任县尉，治理地方。

虽然县衙里事务繁多，但颜真卿仍然坚持练习书法。周围的人都称赞他的字飘逸朗俊，但他并不满足，认为一山更比一山高，自己还应该拜高人学习书法。不久，他辞了官，带着自己的字稿前往洛阳，拜著名书法家张旭为师。张旭是唐代首屈一指的大书法家，各种字体都会写，尤其擅长草书。他告诉颜真卿学习书法的要点在于两点：一为"工学"，即勤学苦练；二要"领悟"，即从自然万物中获得启发。老师的教诲使颜真卿茅塞顿开，真正明白了书法之道。从此，他扎扎实实地勤学苦练，潜心钻研，从生活中领悟运笔神韵，终于成为一位备受世人称赞的大书法家。

颜真卿初学字于褚遂良，后来又学习张旭，并吸取了初唐四大家的优点，兼采篆隶和北魏书风，有别于初唐书法风格。他的书法自成一体，化瘦细为丰润雄劲，结体恢宏，气势磅礴，刚劲有力，气概凛然，人称"颜体"。"颜体"奠定了颜真卿在楷书史上独一无二的地位，他与后世著名书法家柳公权并称"颜柳"，他们的书法被誉为"颜筋柳骨"。

颜真卿是书法史上继

▶颜真卿像
颜真卿（709～784），唐代杰出的书法家，与赵孟頫、柳公权、欧阳询并称为"楷书四大家"。他的书法和柳公权的书法并称为"颜筋柳骨"。

少年读全景 资治通鉴故事 6

唐纪 下·后梁纪·后唐纪·后晋纪·后汉纪·后周纪　　唐纪 下

▲（唐）颜真卿《刘中使帖》

颜真卿书法初学褚遂良，后师从张旭得笔法，又汲取初唐四大家的特点，兼收篆隶和北魏笔意，完成了雄健、宽博的颜体楷书的创作，树立了唐代的楷书典范。此帖又称《瀛州帖》，著录首见宋《宣和书谱》，无书写年月。文为："近闻刘中使至瀛州，吴希光已降，足慰海隅之心耳。又闻磁州为卢子期所围，舍利将军擒获之。呼！足慰也。"

"二王"之后成就较高和极具影响力的书法家之一。他的书法作品留存至今的共有一百多幅，楷书代表作有《多宝塔碑》《麻姑仙坛记》等，极具特色。他的行草书作品有《祭侄文稿》《争座位帖》《裴将军帖》《自书告身》等，其中《祭侄文稿》是他在悲愤交加时挥毫而作的，有"天下第二行书"的美誉。米芾在《书史》中对颜真卿的《争座位帖》给予了很高的评价，谓其"有篆籀气，为颜书第一，字相连属，诡异飞动，得于意外。"

勇入敌营，惨遭杀戮

755年，安禄山叛变，时任平原太守的颜真卿一听到消息，就立即调集军队全力与叛军对抗，使安禄山叛军在进攻平原城时一直不能取胜。颜真卿率军固守平原城，抵抗了安禄山的大队人马，牵制了叛军的兵力，对官军最终平定安史之乱具有重要意义。安史之乱平息后，颜真卿因功被提升为刑部尚书。

782年，淮西节度使李希烈又发动叛乱。这时，颜真卿已七十多岁，担任吏部尚书一职，是个很有威望并受众人敬仰的老臣。一次，宰相卢杞对唐德宗说："如果派一位德高望重的大臣去规劝李希烈，他必悔改。如此一来，您不必兴师动众就可平定叛乱。"听完他的话，唐德宗问："派谁去好呢？"卢杞回答道："依我之见，派颜真卿去最合适不过了。"

唐德宗采纳了他的建议，令颜真卿前去淮西劝叛军归降。满朝的文武百官知道此事后，都大吃一惊，很为颜真卿担心。因为众人心里清楚，李希烈为人反复无常，凶残暴虐，任谁前去劝降都危险重重。他们也明白，卢杞对性情耿直的颜真卿忌恨已久，他出此下策定是心怀不轨。很多人都劝颜真卿以年老体力不足为由推托，可颜真卿明知此去凶多吉少，却毫不畏惧。

颜真卿见到李希烈后，正要宣读唐德宗的劝降诏书，却忽见两旁跑出很多将士，他们横眉怒目，杀气重重。他们包围了颜真卿，在颜真卿面

唐纪 下·后梁纪·后唐纪·后晋纪·后汉纪·后周纪 唐纪 下

前挥舞刀剑,并叫嚣:"杀死他!割食他的肉!"面对这群残暴的将士,颜真卿十分镇定,面无惧色。李希烈见这招没有奏效,就假装斥退将士,赔着笑对颜真卿说:"颜大人,下人无礼,请您见谅,还请您在皇上面前替我美言几句!"颜真卿严厉地说:"少说废话,你只要归顺朝廷,朝廷自然不会降罪于你。"可李希烈十分固执,不听劝告,关押了颜真卿,试图让颜真卿降服,从而借他的威名提高声势。

李希烈见来软的不行,就用武力威逼颜真卿。他让手下在院子里挖了一个大坑,然后把颜真卿带到坑前,威吓他说:"你考虑得怎样了?如果还不答应,此坑就是你的葬身之处!"颜真卿义正词严地回答道:"休想以此威胁我,大丈夫死有何惧!"

李希烈见颜真卿还是不肯归服,无奈之下,就又把他关押起来。几天以后,李希烈又叫人拢起一堆干柴,点起熊熊烈火,然后把颜真卿推到火堆前。一名将士对颜真卿说:"再不降服,就烧死你!"颜真卿瞥了那个将士一眼,什么也没有说,毅然扑向火堆。那将士怕颜真卿真被烧死,急忙跑过去阻止他。后来,李希烈见对颜真卿软硬兼施,却一点也没奏效,就派人用绳子勒死了颜真卿。

颜真卿是唐代卓越的书法大师之一,他不仅留下了珍贵的书法遗产,其英雄事迹还为后人树立了崇高的榜样。他宁死不屈、忠心报国的品质将永远受到人们的推崇。

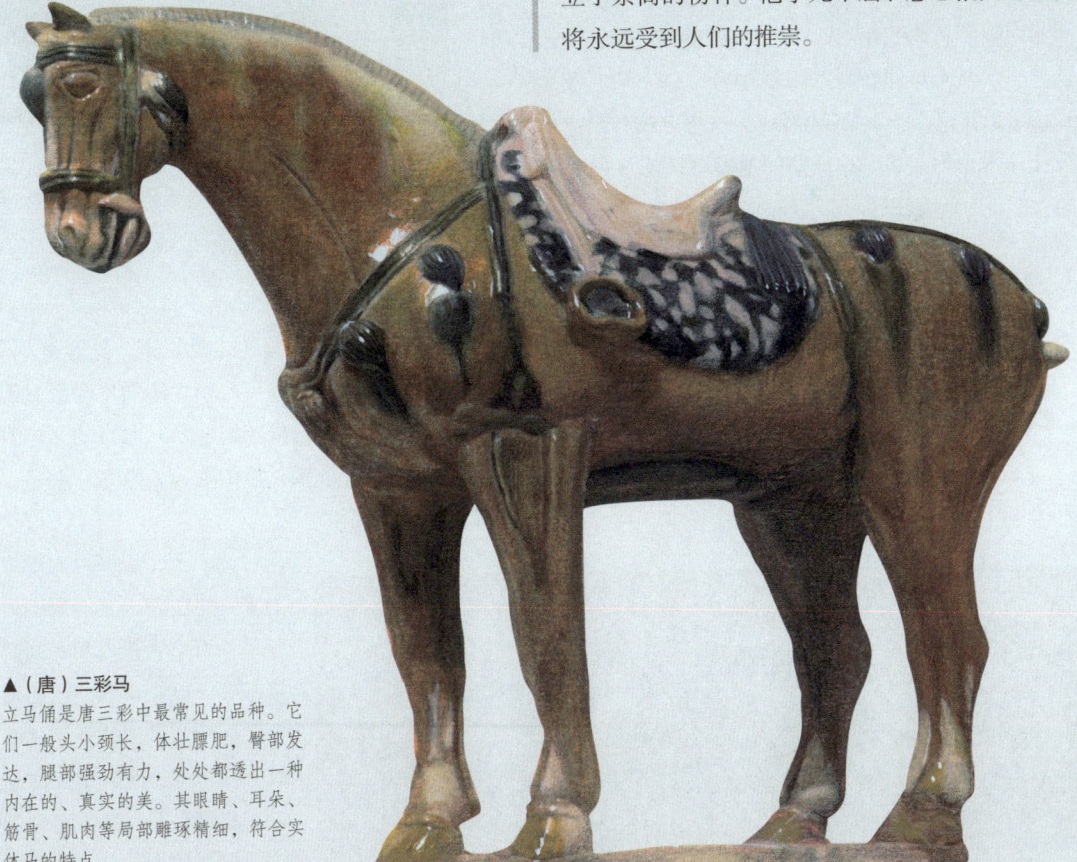

▲ (唐) 三彩马
立马俑是唐三彩中最常见的品种。它们一般头小颈长,体壮腰肥,臀部发达,腿部强劲有力,处处都透出一种内在的、真实的美。其眼睛、耳朵、筋骨、肌肉等局部雕琢精细,符合实体马的特点。

唐纪 下
铁血守卫张巡

张巡是安史之乱中奋力抵抗叛军、保卫睢阳的大功臣。睢阳血战是安史之乱时期最惨烈的战役之一，张巡以罕有的英雄气概和忘我的精神誓与危城共存亡，有效地遏制了叛军向江淮方向发展的势头，保全了唐朝财物运输和军队运输的通道，使江淮物资能够畅通无阻地运抵关中，为唐军最终平定安史之乱做出了重大贡献。

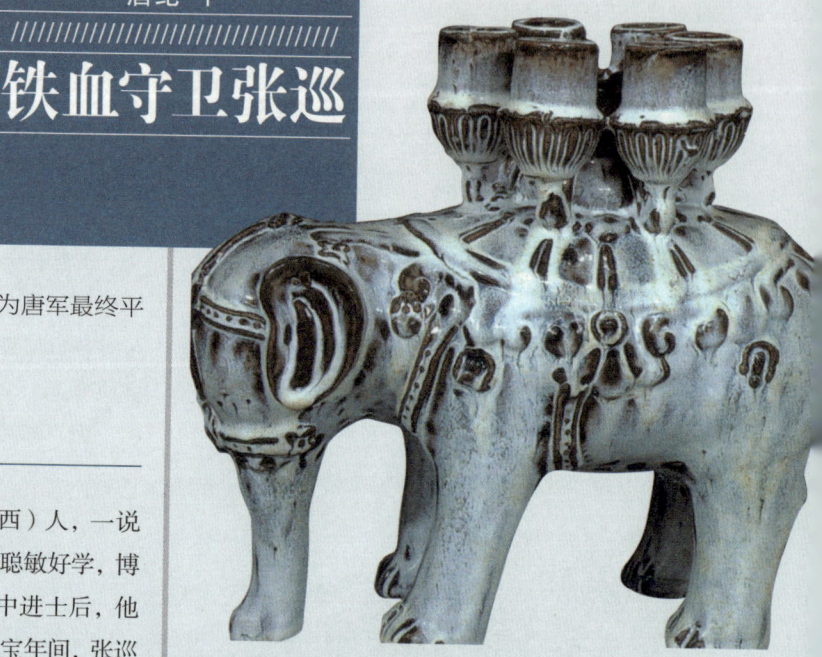

誓死抗贼，草人借箭

张巡是蒲州河东（今山西永济西）人，一说邓州南阳（今属河南）人。他从小就聪敏好学，博览群书。开元年间在科举考试中考中进士后，他开始走上仕途，任太子通事舍人。天宝年间，张巡被任命为清河县令，在任期间他的政绩考核是最高等的，后来满任后回京。没过多久，张巡又被任命为真源县令。

756年初，安禄山叛军占领了宋、曹等州，谯郡太守杨万石不但归顺了反贼，还强迫时任真源县令的张巡去西面迎接叛军队伍。忠直的张巡直接带领军民抗击叛贼，并在雍丘大败叛军将领、原雍丘县令令狐潮。

第二天，叛军再次围攻上来，并在雍丘城墙周围架起了一百多台投石机，同时搭起梯子准备攻城。张巡命令士兵把浇了油的野蒿从城墙上扔下去，使叛军无法逼近。那段时间，张巡经常带领兵卒在敌人休息或者夜晚

▲（唐）郏县黄道窑象形灯台
质地为瓷。此器呈大象形，背上有六孔，整体形象端正严整，古朴庄重。

▼（唐）韦偃《百马图》（局部）
韦偃，唐代画家，精于鞍马、山水画。这幅画中共有九十五匹神态各异的马，四十一位圉人，是一幅画马杰作。全画首尾呼应，描绘有始有终，包括浴马、放马、驯马、喂马及最后的梳理整装过程。画家将马的各种姿态描摹得淋漓尽致，技法高超。群马中有的腾跃，有的静立，有的低首饮水，有的静默微领，有的惊起嘶鸣，有的扬尘飞驰，其中踢驰跳跃、奔逐戏乐的情景生动形象。其画笔之精妙，可见一斑。全卷气势磅礴，神韵飞扬，让人叹为观止。

少年读全景
资治通鉴故事 6

▶▶ 唐纪 下·后梁纪·后唐纪·后晋纪·后汉纪·后周纪　　▶▶ 唐纪 下

▲张巡草人骗箭

张巡率部困守孤城雍丘，军备日益减少，情况危急。灵机一动的他借用草人骗取令狐潮数万支箭，为日后战胜敌军打下基础。

由于叛军不停地攻城，雍丘城中的箭所剩不多。一天深夜，张巡让兵卒们扎束一千多个草人，然后给这些草人穿上黑色的衣服，用绳子系着从城墙上面吊下去。叛军以为有人下来偷袭，便立刻用弓箭射击，天亮后，叛军们才发现那些黑衣人竟是草人。守军拉回草人，轻而易举得到数万支箭。

第二天晚上，张巡选出五百名勇敢的将士，用绳索把他们吊出城外。叛军以为这还是张巡用草人骗箭的把戏，均一笑置之。于是，这五百名勇士趁叛军放松警惕的时候，突袭令狐潮的大营。仓促间，令狐潮还没来得及组织抗击，几万叛军就已经四处逃散，退回了十余里。令狐潮又气又羞，重新补充兵力，再一次围困雍丘。

又有一天，张巡的部将雷万春正在城墙上与令狐潮对话，叛军万箭齐发，毫无防备的雷万春中了六支箭。但雷万春怕动摇军心，竟岿然不动。令狐潮误认为张巡又在用木头人之类的东西迷惑自己，但后来听探子说中箭的居然是活生生的雷万春本人，不禁十分惊讶。于是，他在城下向张巡喊话："刚才看到雷将军的举止，非常佩服你们，可是天意是不可违背的啊！"张巡回道："你根本不懂国家大义，还妄谈什么天意！"随即，张巡命将士出城猛攻，令狐潮见势不妙只得连忙逃掉。张巡守军只有一千多人，而叛军有数万人，但张巡却带领手下弟兄咬紧牙关，坚守近一年。

临的时候偷袭敌营，一次一次打得叛军措手不及。就这样，张巡带领雍丘的将士们穿着盔甲吃饭，带着伤痛作战，顽强坚守六十多天，共打退对方三百多次攻击，歼灭大半叛军。最后，伤亡惨重的令狐潮只好引兵退去。

两个月以后，令狐潮经过休整后又一次带军前来攻打雍丘。这个时候长安已经沦陷，唐玄宗正在逃往成都的路上，因而在雍丘坚守的士兵也都人心惶惶。这时，雍丘城里六位平日很有威望的大将一起来劝说张巡投降，张巡假装应允了。第二天，张巡把大家聚集在一起商讨相关事宜，在堂上放了玄宗的画像，然后命人把那六位大将带到画像前斩首示众。此举坚定了唐军军心，将士们纷纷发誓要与雍丘城共存亡。

死保睢阳，被俘惨死

有一天，张巡接到睢阳太守许远发来的求救信，说叛军大将尹子奇带领三十万大军准备来攻打睢阳，请求张巡立刻给予支援。张巡随即带军抵达睢阳，与许远会师，但双方兵卒加在一起也只有六千多人。尽管许远官职比张巡要高，但他

少年读全景 资治通鉴故事 6

▶▶ 唐纪 下·后梁纪·后唐纪·后晋纪·后汉纪·后周纪　▶▶ 唐纪 下

听说张巡擅用兵,便把指挥大权交给了张巡。双方兵力相差悬殊,张巡却仍然领兵坚守,机智地与叛军周旋。最后,损兵折将的尹子奇只好退兵。

又过了两个月,重新充实军备的尹子奇再次反扑,又把睢阳围困起来,此时局势日益危险。一天晚上,张巡命人大敲战鼓。城外叛军听到鼓声,以为张巡准备出击,便慌忙摆开阵势准备迎战,但一直到天亮,也不见守军出城。尹子奇命人登上高处眺望城内,见城里并无异样,便让兵卒们脱下铠甲歇息。疲惫的叛军倒头便睡,这时,守军张巡、雷万春、南霁云等十几名大将,各领五十名骑兵从各个城门同时杀出,冲进敌营。叛军立刻阵脚大乱,被守军消灭了许多人。

尹子奇不但久久攻不下睢阳城,还在一次偷袭中白白失去左眼,岂肯善罢甘休,他下令要将睢阳围得更紧、更严。城外叛军不断增援;城内守军却越打越少,最后只剩下一千六百多人。粮食也越来越少,将士们只能靠树皮、茶叶和草纸充饥。最后,张巡只好派南霁云带领三十名骑兵突出重围,向临淮的守将河南节度使贺兰进明求助。

贺兰进明惧怕叛军,不愿意发兵增援睢阳。但贺兰进明又非常赏识骁勇的南霁云,便设宴款待南霁云,想让他留下来追随自己。南霁云意识到贺兰进明不愿出兵,他砍断自己一根手指,把它作为曾经到此的一个证据留下来。南霁云离开临淮后,辗转多处,终于借来三千兵力。但他们行军至睢阳附近时被叛军发现,经过一番鏖战,才得以进入睢阳,此时仅剩一千人。张巡和许远知道没有借到多少援兵,但他们深知睢阳是江淮的屏障,不能失守。为阻止叛军南下,他们只有在睢阳死死坚守。

很快睢阳全城的军民就只剩下四百余人了,尹子奇再次带领叛军架设云梯攻城,而此时城墙守军已经饿得无力开弓。睢阳城最终陷落,张巡、许远、雷万春、南霁云等将领均被活捉,因不肯投降,均遭杀害。睢阳陷落第三天,河南节度使张镐领军赶到,击退叛军。七天后,郭子仪夺回东都洛阳。尽管睢阳最终失守,张巡等人也纷纷遇难,但正因为这些忠义之士死守睢阳,才为朝廷调派唐军主力部队争取了时间,为铲除乱党打下了基础。

◀ 张巡箭射尹子奇
张巡巧施计策便识破了尹子奇的乔装术,尹子奇被射中左眼,摔倒在地。失去主将指挥的叛军仓皇逃窜,溃不成军。

铁血守卫张巡

〇三六

少年读全景
资治通鉴故事 6

唐纪 下·后梁纪·后唐纪·后晋纪·后汉纪·后周纪　　唐纪 下

唐纪 下
田承嗣首开割据风

安史之乱平定后，唐朝元气大伤，朝廷无力追究叛军旧部的罪责，只能采取姑息政策，委任他们的首领为节度使。田承嗣本是安禄山的旧部，向唐朝投诚以后，又在唐军著名将领仆固怀恩的帮助下得以割据一方，成为藩镇节度使中的代表人物。田承嗣首开河北三镇割据称雄的风气，为唐王朝走向衰亡埋下了伏笔。

叛将部下，追随安史

田承嗣出身军人世家，他的祖父和父亲都是军队将领。唐玄宗执政中期，田承嗣在安禄山的手下任卢龙军前锋兵马使，因战功显赫又被提拔为武卫将军。他治军严谨，有勇有谋，颇得安禄山赏识。

755年，安禄山兴兵反唐，作为主将之一的田承嗣随军南下。一路上，叛军接连攻陷城池，所向披靡。在攻陷了荥阳郡以后，安禄山封田承嗣为行军前锋，继续向唐朝东都洛阳逼近。其后，田承嗣带领人马在洛阳东郊大败唐朝名将封常清，并顺势占领了洛阳。

756年，安禄山在洛阳自立为帝，随后派兵到处掠杀。当时唐朝著名将领鲁炅正镇守南阳，叛将武令珣几次进攻此地都以失败告终。757年春，田承嗣奉命带领大军支援武令珣。此时南阳城已经被叛军围困了很长时间，城中的军饷粮草都得不到及时供应。田承嗣趁机一举攻陷了南阳。鲁炅带领人马突出重围，退守襄阳。田承嗣连续追击两天，见一时难以攻下襄阳，便撤军了。

同年冬，唐军奋力反击，先后夺回两京。安庆绪仓皇逃到邺城，形势出现逆转。田承嗣见大势不妙，立刻派人向唐将郭子仪求降，之后又反悔，带领手下士兵离开颍川，改同驻守南阳的武令珣会师，北上支援邺城。

758年秋，郭子仪带领人马围困卫州，安庆绪兵分三路前去增援。崔乾祐带领上军，田承嗣带领下军，安庆绪带领中军，奔赴卫州，但三路援军都被郭子仪打败，安庆绪只好退守邺城。郭子仪等九名节度使带领二十多万大军，立即把邺城围得密不透风。

759年春，史思明从范阳带领十万大军南下，准备支援安庆绪。一个月后，叛军在安阳河北与唐军展开大战。唐军军中没有设置统帅，所以缺乏统一的指挥者，不能联合作战，最后，唐军溃败。形势扭转，叛军又重振声势。后来，史思明杀掉了安庆绪，接管了他的部队，而田承嗣等人也纷纷归顺史思明。史思明在掌握叛军军权后，追

▶（唐）人俑
唐朝国家统一，经济繁荣，风气更加开放，服饰也更华丽。唐代女装的特点是裙、衫、帔（披在肩背上的服饰）统一。在妇女服饰中，出现了开胸衫。

不及待地领军返回范阳自立为帝。

同年秋天，史思明又一次发兵攻打洛阳，前锋田承嗣再度拿下洛阳，并被授予魏州刺史。760年冬天，史思明命田承嗣攻打淮西，田承嗣占领睢阳后升任为睢阳节度使。762年秋天，唐军在回纥军的增援下，对叛军再次发动反攻，夺回了洛阳。田承嗣与史朝义连连败退，逃到莫州。

对抗朝廷，称霸一方

763年初，唐军陆续收回了全国的大部分州郡。田承嗣眼见叛军势力渐弱，便接受唐将仆固怀恩的招抚，摇身一变成为唐朝官吏，后升任魏博节度使。

朝廷没有精力监管各地节度使，又深恐他们不安分守己，再造祸患，便极力满足他们的各种要求。唐代宗甚至还把永乐公主嫁给了田承嗣的儿子，使两家结亲，牵制田承嗣。可承嗣在辖区内征重税，修城池，备兵甲，并且强令所有壮年入伍，在短短的几年里就已经征兵十万。他拥有大量兵力，自己委任辖区内的各级官职，也从不向朝廷纳贡，完全是一个小型的独立国。

773年秋天，田承嗣居然打算为安禄山和史思明修建祠堂。唐代宗得知此事，并没有太责备他，只是让他尽早毁掉祠堂。田承嗣发现朝廷拿自己没办法，便更加狂妄。775年初，田

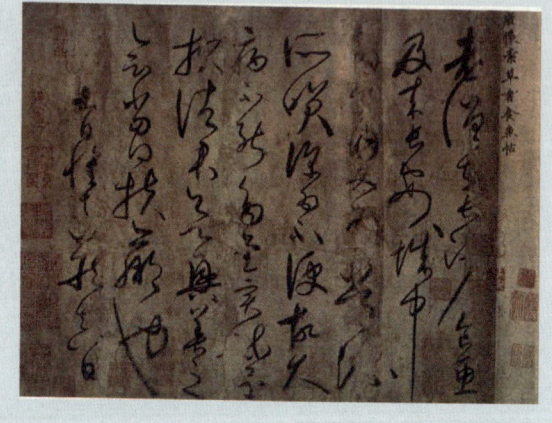

▲（唐）怀素《食鱼帖》

《食鱼帖》字体极为瘦削，骨力强健，其书法华丽圆润，放逸而不张狂，笔墨动人精彩，使转灵活，提接得当，是现存怀素传世作品中的佳作之一，弥足珍贵。

承嗣发兵攻打相州。朝廷立刻告诫田承嗣不准越境，田承嗣充耳不闻，依旧派手下人攻城夺地。同年春天，唐代宗下令征讨田承嗣。朝廷决定征讨田承嗣的诏书下达以后，各地节度使纷纷响应。而田承嗣并不愿意坐以待毙，他采取以攻为守的战略。一年后，田承嗣的势力并没有被削弱多少。

779年，七十五岁的田承嗣病逝。田承嗣是安史叛军中的一员猛将，骁勇善战，狡诈多变。归顺唐朝以后，田承嗣成为藩镇群雄中最具霸气的节度使，他不但赫然出兵夺取州郡，还明目张胆地与朝廷作对，首开河北三镇割据称雄的风气。

▲（唐）鎏金蔓草鸳鸯纹银羽觞

此银羽觞1970年出土于西安南郊何家庄的唐代窖藏坑，椭圆形口，双耳如翼，浅腹。锤打成型。器内外满饰鱼子地纹，器底刻宝相花或团花，内壁饰枝蔓流畅、花繁叶茂的忍冬花四株，耳面上各刻小团花一朵。器表腹侧鏨莲花座，其上立鸳鸯，配忍冬卷草纹。器腹两端各饰振翅鸳鸯一对，亦有莲座。所有花纹皆为鎏金。

唐纪 下

仆固怀恩反唐

仆固怀恩本是唐王朝平定安史之乱的功臣,在唐朝中兴之将中,他的功劳仅次于郭子仪、李光弼。无奈这一时期朝政腐败,宦官当道,皇帝与大臣各自心生嫌隙,终于使股肱之臣变成乱臣贼子。中唐时,唐朝内有藩镇作乱,外有吐蕃虎视,仆固怀恩的叛乱加剧了这种内外交困的形势。

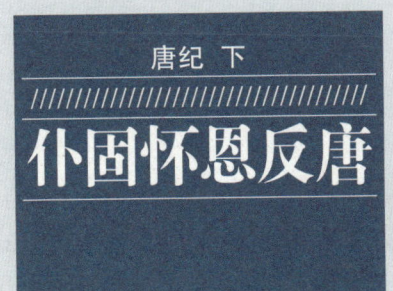

参与平叛,军中猛将

仆固怀恩,铁勒族仆固部人,勇猛坚毅。安史之乱初期,他听从郭子仪的调派参与到了平叛的战斗中,他当时的职位是朔方左武锋使。

755年秋,唐军大破叛将高秀岩,攻占静边军(今山西朔州右玉)。同年冬,叛将薛忠义带兵反攻,仆固怀恩和李光弼等将领在郭子仪的指挥下,将叛军杀得丢盔卸甲。叛军七千多人阵亡,其大将周万顷也被杀。静边军之战是唐军平定安史之乱的首捷。

756年,仆固怀恩在常山、赵郡、沙河、嘉山等地,数次协助李光弼大破史思明的叛军。初夏,唐肃宗李亨在灵武登基,仆固怀恩又追随郭子仪,前去保护新皇帝。同年秋,几万番兵在叛将阿史那从礼的蛊惑下,到经略军聚集,向灵武发起猛攻。仆固怀恩在郭子仪的指挥下,奋力反击。初战中,他的儿子仆固玢被叛军俘虏后投降,不久又偷跑回唐营。仆固怀恩对着儿子大骂,然后将其斩首。唐将无不凛然,打仗时愈发勇猛,屡败敌军。然而唐军因兵微将寡,渐渐支持不住。肃宗于是命仆固怀恩与敦煌王李承寀同为使者去回纥借兵。仆固怀恩不辱使命,完成了任务。

757年春,在郭子仪指挥的收复河东的战斗中,仆固怀恩与郭子仪之子郭旰同为先锋,连续占领冯翊、河东,大破叛军主将崔乾祐。永丰仓一役,唐军再次大胜,斩杀叛军一万多人,遗憾的是,郭旰战死沙场。之后安庆绪发重兵前来救援,唐军在潼关与叛军大战,最终战败,死伤无数。仆固怀恩趁乱退到渭河,游水过河,得以返回河东。

同年秋,唐军在新店与叛军对阵。仆固怀恩旗下回纥精兵勇猛无敌,立下汗马功劳。此役叛军大败,被斩、被俘者十万余人。收复洛阳后,仆固怀恩被封为丰国公。

758年夏,仆固怀恩受唐肃宗之命,继续指挥回纥方面新派来的三千骑兵。同年秋,他跟随郭子仪渡过黄河平叛,大败敌将安太清、安庆绪。仆固怀恩骁勇善战,在数次战役中都充当先锋。

▶ (唐)三彩双鱼瓶

三彩陶器是唐代陶瓷由素雅向华丽嬗变的代表性工艺品,以绿色釉为主,辅以黄、褐、白、翠绿、蓝等多种色彩,色彩精美,浸润光泽,自具特点。此瓶为连体式双鱼形造型,小口,鼓腹,高圈足,两侧有鳍形装饰,上端有横贯耳,可系绳索,便于携带。侧视为双鱼形,俯视为四鱼状,可能寓意"事事如意"。

少年读全景
资治通鉴故事 6

唐纪 下·后梁纪·后唐纪·后晋纪·后汉纪·后周纪　　唐纪 下

▲（唐）三彩胡人牵驼俑
秦安叶家堡出土。唐代时，河陇地区经丝绸之路来中国内地通商的胡人不绝于途。这个胡人穿翻领紧身大衣，呈牵驼状。

居功自傲，借兵反唐

762年秋，远嫁回纥和亲的仆固怀恩的女儿被立为王后，因此回纥主动派兵协助唐军征讨史朝义。雍王李适和仆固怀恩受唐代宗李豫之命，分别担任行营元帅、副元帅，带兵向洛阳前进。之后，在洛阳城外，唐军与史朝义率领的叛军展开激战，叛军受到重创，自此以后再也无力举事。李适和仆固怀恩继续追讨叛军，势不可当。史朝义山穷水尽，终于在763年自尽，安史之乱至此彻底平定。仆固怀恩因战功卓著，被加封为河北副元帅兼朔方节度使。

不久，仆固怀恩又被唐代宗加封为太保，其画像也被供奉于凌烟阁。只是仆固怀恩仍然不满足，又将被人诬陷谋反的事情告知朝廷，朝廷却听而不闻。于是他再次向皇帝上书，用语甚为偏激，还将自己的六大功劳说成是六大罪状。秋天，吐蕃攻进长安，代宗退至陕州，召仆固怀恩发兵勤王，但仆固怀恩却对诏书置之不理。

764年，仆固怀恩决意发动叛乱，其子仆固玚受命出兵，战败一场后又发兵攻打榆次。正月二十日，唐代宗命郭子仪觐见，让他解除榆次的威胁。叛军听得郭子仪大名，军心大乱，仆固玚本人也被兵变的士兵杀死。其后，代宗颁诏书免去仆固怀恩其他职务，封他为大宁郡王，令他觐见，而他不为所动。

同年夏，回纥、吐蕃在仆固怀恩的诓骗利诱下联合起来，发兵十余万骚扰唐王朝的边境。郭子仪奉命回击。至秋天时，吐蕃军威胁邠州，郭子仪命长子郭晞率兵前往支援。邠宁节度使白孝德大败仆固怀恩的先头部队。

765年秋，回纥、吐蕃、党项、吐谷浑、奴剌等部在仆固怀恩的利诱下，又一次联合出兵，大军号称三十万。吐蕃军由北道进逼奉天，党项军取东道威胁同州，吐谷浑、奴剌从西道攻打盩厔。仆固怀恩部队则尾随在回纥军之后，与其一同跟在吐蕃军后面。仆固怀恩行军到鸣沙时，暴病而亡。郭子仪看准时机，单枪匹马入回纥军营，成功游说回纥可汗，使其答应与大唐缔盟，之后双方一起大败吐蕃。

仆固怀恩病死后，他旗下大将张诏登高一呼，带领叛军继续作乱。不久，张诏为另一将领徐璜玉所杀。之后，叛军陆续归降朝廷。仆固怀恩之乱持续三年，终得平息。

在平定安史之乱的过程中，仆固怀恩骁勇善战，每一次战役，他都一马当先，他家族中也有不少人为国捐躯。但他后来发动叛乱，两次利诱番兵大肆进攻中原，对国家和百姓犯下了不可饶恕的罪行。

少年读全景
资治通鉴故事 6

唐纪 下·后梁纪·后唐纪·后晋纪·后汉纪·后周纪　　唐纪 下

唐纪 下
唐肃宗之死

唐肃宗原名李玙，后改名李亨，是唐玄宗的第三个儿子，在乱世中登基，对安史之乱的平定起到了至关重要的作用。在平定叛乱的同时，他力图解决玄宗朝积弊，为唐王朝的中兴奠定了基础。然而，唐肃宗信任宦官，导致宦官专权，使之成为中晚唐的一大弊政，影响深远，为唐朝的灭亡埋下了伏笔。

登基为帝，主持平叛

在738年成为太子之前，李亨的封号是忠王。安禄山起兵后，叛军很快进逼长安，玄宗遂逃入蜀地，李亨则因百姓苦留而与玄宗分道，带兵北行至灵武。756年夏，李亨在灵武登基，是为唐肃宗。

马嵬驿兵变后，李亨受玄宗之命出任天下兵马大元帅，成为平定安史之乱的总指挥。

李亨登基后，火速征求反攻西京长安和东京洛阳的策略。他所信任的宰相房琯主动要求率军反攻长安。遗憾的是，房琯徒有雄心，对兵法却一窍不通，遇到叛军后，所率部队大败。

757年正月，叛军出现内讧，安庆绪杀掉父亲安禄山后自立。机会难得，肃宗马上命郭子仪和李光弼跟回纥借兵后发起反攻。同年夏秋之际，西京长安和东京洛阳先后被唐军收复。

回纥允诺借兵给唐朝时，曾得到肃宗的许诺：占领城邑之后，土地和官员还是属于唐王朝，但是金银等财物及平民百姓则属于回纥。虽然城池得以收复，但这个承诺的最终兑现，也给洛阳带来了巨大的灾难。

758年9月，肃宗令郭子仪和李光弼等九镇节度使率二十万大军进攻相州，征讨安庆绪。诸将领中，以郭子仪和李光弼最为功勋卓著，德高望重，他们二人因此受到肃宗的猜忌。肃宗不将军权交给郭、李二人，在军中也不设主帅，仅令宦官鱼朝恩任监军，大小事务皆由他说了算。

不久，叛将史思明率十万大军火速支援安庆绪。759年初春，唐军与叛军在相州开战，鱼朝恩丝毫不懂用兵之道，胡乱指挥，终使唐军战败，遭受重创。事后，鱼朝恩将责任全部推给郭子仪，肃宗不明是非，罢免了郭子仪。

此时，叛军又一次发生内讧，史思明杀掉安庆绪自立为帝，称大燕皇帝。759年夏，史思明占领洛阳，很快，他也被亲子史朝义杀死。

重用宦官，受惊病卒

肃宗除了重用鱼朝恩，他还特别信任奸佞李辅国和程元振，并让这两个人把持朝政。从此，宦官势力横行，再加上肃宗宠爱张皇后，任由她干涉国家大事，更使得张皇

◀ （唐）褐釉双龙耳壶

此壶于河南偃师杏园村唐墓出土。盘口外侈，细长颈，肩及上腹部圆鼓而丰满，下腹部渐内收，平底内凹。自口沿至肩部有对称的弯曲双龙，龙首衔壶沿，龙尾搭在壶肩。白色胎骨，坚硬致密，仅口、颈及肩部施褐釉，肩部以下无釉。

少年读全景
资治通鉴故事 6

▷ 唐纪 下·后梁纪·后唐纪·后晋纪·后汉纪·后周纪　　▷▷ 唐纪 下

▲（唐）狩猎纹高足银杯
此银杯为传世品，深腹高足，杯口微侈。圈底，足呈喇叭状。通体满布花纹，上腹一周弦纹，在口沿至凸弦纹之间饰唐代常用的缠枝莲花纹，杯腹中段饰四幅狩猎图案，有的骑马搜索，仔细前行；有的搭箭在弦，运力欲发；有的扬鞭策马，奋力追赶；有的射击齐兽，扣人心弦。画面布局严谨，禽兽、流云、树木等穿插得当，人物刻画入微，栩栩如生，场面紧张热烈。

▲（唐）李思训《江帆楼阁图》
李思训（651~716），唐代画家。此图表现游春情景，近景山岭间有长松桃竹掩映，山外江天空阔，烟水浩渺，意境深远。整个画面山势起伏，江天辽阔，很有气势。山石林木以曲折的细笔勾勒，画树交叉取势，变化多姿。山水构图的整体大势与局部"豆马寸人，须眉毕露"的一丝不苟的精致描写，统一在一起。山石着色，以石青、石绿两种浓重色彩为主。李思训继承和发扬了展子虔的青绿山水画技法，形成"青绿山水"或"金碧山水"的风格。

后和李辅国狼狈为奸，结党营私，打击异己。但是，张皇后很快就开始怨恨李辅国权力太大，便策划着让越王李系登基。由此，张皇后、李系集团与宦官李辅国、程元振等人的矛盾激化。

　　762年，肃宗染上大病，长时间不能上朝主持政事。同年晚春，玄宗因病而死，肃宗因此悲痛欲绝，病症更加严重起来。张皇后心知肃宗活不了多久了，便对太子说："你父皇现在病入膏肓，以李辅国为首的那些宦官，权势滔天，正在准备发动叛乱，他们视你我为眼中钉，所以我们必须先下手为强。"太子听后哭着说："父皇病重，这样的事不适合告诉他，但要是我们自作主张，杀了那些宦官，父皇一定会很生气，更加伤身体，所以现在做这件事时机不对啊。"张皇后见太子不同意动手，就又和越王李系商量计谋。随后李系让

唐肃宗之死

少年读全景 资治通鉴故事 6

▶▶ 唐纪 下·后梁纪·后唐纪·后晋纪·后汉纪·后周纪　　▶▶ 唐纪 下

◀（唐）三彩砚台
质地为瓷。此砚台小巧玲珑，底部有七个兽面形足，施三彩釉，五彩缤纷，极为绚丽。

▼（唐）《香炉狮子凤凰图》
此图画在由三块小布缝合而成的长方形麻布上，可能是作供台上的敷物或作壁挂之用。图上部画左右对称的一对凤凰；下部中央画一香炉；左右为一对护法狮，右狮开口，左狮闭口，各喷出气状物，双狮均绘有翼；画外缘四周绘花纹。这是唐代画狮子与鸟类的重要作品。

手下段恒俊纠集了两百多个内臣，想让这些人拿着兵器把李辅国等宦官给杀了。

这时，李辅国得到密报，知道张皇后和李系要有所动作，便马上带人出去打听消息。恰逢太子要入宫探视父亲，李辅国便佯称宫中发生兵变，阻止太子进宫，随即将其软禁，之后又假传太子命令，让禁军抓了李系。张皇后见李系被捕，心知不妙，慌乱中躲进了肃宗的寝宫长生殿。然而，李辅国竟然带人追到了长生殿，胁迫张皇后束手就擒。张皇后吓得瑟瑟发抖，求肃宗救她。不料肃宗因此受惊，一句话也说不出来。李辅国趁机把张皇后抓到别的地方囚禁起来。肃宗严重受惊，身旁连个照顾的人都没有，病情急剧恶化，当天就在寝宫驾崩。

唐肃宗在乱世之中临危受命，将开元年间的传统发扬光大，平叛之时也时刻不忘解决玄宗朝积弊，为以后的继承者打下了根基。然而，他致力于平叛和解决积弊，却忽视了宦官日益膨胀的势力，未能及时消除这些祸患，最终给大唐复兴留下了深重的隐患。此乃肃宗之不幸，亦是整个唐王朝之大不幸。

唐肃宗之死

唐纪 下

唐代宗平乱

唐代宗初名李俶，后改名为李豫，是唐肃宗的长子。唐肃宗当皇帝的时候，几乎将所有的精力都用在了平叛上面，可是他到死也没有看到叛乱被平定。后来，他的继承者唐代宗身兼天下兵马大元帅之职，指挥唐军东征西讨，终于收复失地，将叛军击败，最终平定了持续八年之久的安史之乱。

率军平叛，收复两都

李俶天资聪颖，十五岁就被封为广平王。他自幼熟读儒家经典，为人忠孝，谦逊有礼，宽容而不失主见，喜怒都不表露在脸上。唐玄宗有一百多个皇孙，李俶身为嫡长孙，器宇轩昂，相貌堂堂，在众平辈之中可谓首屈一指，鹤立鸡群，因此从小就深得玄宗宠爱。

756年夏，叛将安禄山带兵占领潼关，李俶跟着玄宗和肃宗逃往成都。马嵬驿兵变之后，他和弟弟建宁王李倓一同劝说父亲北上到灵武。肃宗在灵武登基以后，重整朝纲，封李俶为天下兵马大元帅，指挥所有将领，元帅府就设在禁中。当时李泌担任元帅行军长史，李俶经常与他一起，日夜筹谋，商讨处理军务的方法。

其时新朝初建，兵少将少，军队战斗力自然薄弱。李俶"推心示信，招怀流散"，到肃宗抵达彭原之时，他已经组建了一支有几万士兵的队伍。

757年正月，宦官李辅国等奸诈之辈与肃宗宠爱的张皇后互相勾结，多行不义之事。建宁王李倓为此数次劝谏肃宗，历数李、张之罪。不料李辅国和张皇后反咬一口，诬陷李倓，说他嫉恨李俶当了元帅，正在寻机害李俶。肃宗听信谗言，竟将李倓赐死。李俶感到了李辅国和张皇后的可怕，想杀了他们，最后在李泌的阻拦下才打消了这个念头。

当时，宰相房琯出兵，被叛军打败，郭子仪受命回军凤翔时也在半路上遭到叛军攻击，大败。因此叛军开始嚣张起来，几次攻打凤翔。李俶见状，立即成立了一支敢死队，多次大败叛军。这样，刚刚建立的朝廷得以安定下来，唐军的士气也得到了鼓舞。

同年秋，肃宗任命李俶为元帅，郭子仪为副元帅，带领唐军及从回纥、西域借来的士兵总计十五万，由凤翔向东进兵讨伐叛军。李俶与回纥

▲（唐）唐三彩盖罐

罐口微撇，短颈丰肩，肩下渐收至底，平底圈足。罐盖尖顶，出边，直口，盖与罐口不吻合，略小于罐口。罐口施黄釉，罐身施釉不到底，以绿釉为地，衬以白点及黄道组成的菱花图案，盖面以绿釉为地，衬以白点及黄道组成的四瓣纹饰。

唐纪 下·后梁纪·后唐纪·后晋纪·后汉纪·后周纪　　唐纪 下

将领叶护义结金兰，叶护很高兴。官军行至长安之西、香积寺之北，大败叛军，叛将张通儒出逃，长安得以收复。回纥人进城后想搜掠财物，李俶便拜叶护于马前，说："现在收复了西京，若马上掠夺，东京的百姓知道了一定会跟叛贼一起固守城池，这样收复东京就很难了。希望将军能答应，到了东京再履行前约。"众人见李俶下拜都深受触动，纷纷称赞："广平王真中华之主！"随后官军秩序井然地进城，受到百姓夹道迎接。肃宗得知后，满意地说："朕比不上他！"

李俶在长安驻军三天，其间他四处奔走，慰问百姓。之后，李俶命太子少傅、虢王李巨带部分军队留守长安，自己则率主力继续追讨东路叛军。李俶率部众到达曲沃后，叛将安庆绪竟举洛阳之全部叛军达十五万人与官军对抗。唐军与回纥军兵分两路夹攻叛军，使其遭受重创。李俶随即顺利占领陕州，不久就夺回了东京洛阳。洛阳被收复以后，此前屈服于安禄山的原唐朝近三百名官员身着素服，向李俶跪地请罪。李俶遵照肃宗的意思，没有为难他们，只是命人将他们押赴长安，等待裁定。

歼灭叛军，铲除奸佞

758年春，李俶受封为成王。不久，又被立为太子，改名李豫。761年，肃宗身染重疾，无力上朝处理国事，遂命太子监国。

762年，太上皇玄宗病逝，肃宗也病重。张皇后怕太子功高难制，威胁到自己，就暗地里与越王李系密谋废掉太子。宦官李辅国、程元振等人得到消息后，利用禁军逮捕了李系，并将张皇后囚禁。事发当天，肃宗即病重离世，李豫在李辅国等人的拥戴下登基，史称唐代宗。

李豫登基以后，叛军再次占领东京洛阳，大唐百姓苦难未已。于是代宗颁下诏书："国之大事，戎马为先，朝有旧章，亲贤是属。故求诸必当，用制于中权，存乎至公，岂惭于内举。特进、

▼（唐）周昉《内人双陆图》
此画设色浓丽，线描细劲流畅富有韵律感，贵族妇女浓丽丰肥之态和细腻柔嫩的肌肤特点都表露无遗。所谓"双陆"，同六博一样，也是掷骰行棋的游艺。据传，此游艺始于天竺，流行于魏晋，盛于隋唐，尤为贵族所喜好。此图传为周昉所作，描绘唐朝贵族妇女以棋戏消遣的生活。中间为二盛装贵族妇女对坐行棋，左右有亲近观棋，侍婢应候。画作从侧面反映了当时贵族的生活情调。

少年读全景
资治通鉴故事 6

▶ 唐纪 下·后梁纪·后唐纪·后晋纪·后汉纪·后周纪　　▶ 唐纪 下

▲（唐）《争座位帖》（清初拓本）
此帖是颜真卿在唐代宗广德二年写给尚书右仆射、定襄郡王郭英义的书信稿。此真迹由宋时长安师文摹刻于石上，石现存陕西省西安碑林。内容斥责郭英义谄媚宦官鱼朝恩，任意抬高鱼朝恩的座次地位的行为。此帖打击了当时大权在握、骄横跋扈、令朝野侧目的鱼朝恩的嚣张气焰，所以世人称之为《争座位帖》。

奉节郡王适可天下兵马元帅。"李辅国由兵部尚书加封为尚父，程元振则被加封为右监门将军。

李辅国仗着自己有功，越发骄横，甚至对代宗说："大家但内里坐，外事听老奴处置。"他的言行使得代宗十分不满。到了夏初，代宗就免去他所有职务，还把他赶出皇宫。之后，又命人将其暗杀。

秋，代宗欲倾全国之力平定叛乱，遂命雍王李适为天下兵马元帅。他本意是封郭子仪为副帅，不料程元振和鱼朝恩从中作梗，代宗只好命朔方节度使仆固怀恩为副帅，与回纥精兵一起收复洛阳。同时，代宗也命李光弼带兵协助作战。在洛阳以北的横水，唐军杀得叛军丢盔卸甲，顺利收复洛阳。叛将史朝义节节失利，唐军穷追不舍。许多叛军见无力回天，便陆续请降。

763年正月，史朝义退到温泉栅，他心知自己此时已到了穷途末路，于是上吊自杀了。安史之乱到此终于得以平定。

安史之乱结束之后，朔方节度使仆固怀恩为满足个人欲望，上书请代宗封叛军降将薛嵩为六州节度使，田承嗣为五州都防御使，李怀仙为幽州节度使。当时，河北各地所有叛军都已经投降。在这种情形之下，把投降的叛将派到别的地方去当官不但不费吹灰之力，而且还不会留下藩镇割据的隐患。可仆固怀恩却怕叛乱平定后，自己不再受朝廷重视，所以请求皇帝命薛嵩等叛将坐镇河北。唐代宗不知诡计，马上点头。这个轻率的决定最终致使河北诸镇拥兵自重，为中晚唐藩镇林立局面的形成埋下祸根。

此时，吐蕃趁唐驻守西北的边防军赴中原平叛之机，大举侵扰边境，陆续占领河西和陇右。763年初秋，吐蕃再次大规模进犯，边疆官员屡次向朝廷求援，然而求救警报均被程元振压下，代宗毫不知情。一个月后，泾州刺史高晖降吐蕃后，带领吐蕃军队向长安进军，代宗慌忙离开长安。之后，郭子仪灵活应对，巧用智谋，终使吐蕃收兵，代宗也得以重回京师。百官请求不能放过程元振，代宗就免了他的官职，将他流放江陵。

代宗曾经亲自参与平定安史之乱，夺回两京，登基后彻底平定安史之乱。他重用宦官，却不忘限制其权力，并对其施以惩戒，所以在位时没有酿成宦官之祸。然而，他重用叛军降将，又因当时国力衰微，无力征讨公然抗旨的节度使，最终养虎遗患，使河北形成藩镇割据的局面。

唐纪 下·后梁纪·后唐纪·后晋纪·后汉纪·后周纪　　唐纪 下

刘晏是中唐时期卓越的理财专家。当时，唐王朝刚刚经历安史之乱，经济遭受重创，国家财政困难，百姓生活更是难以为继。刘晏主管财政之后，推陈出新，力主"民不加赋，而国丰饶"的经济改革，采取了一系列利国利民的举措，取得了重大成就。

唐纪 下
著名理财家刘晏

▼（唐）莲花手菩萨像
此尊菩萨头戴莲花冠，顶束扇形发髻，耳际垂两粗发辫。高鼻深目，面相妩媚。半跏坐姿，身体右斜，姿势优美。右手肘部支右膝，手指右腮，呈思索状；左手置左腿，执莲茎。上身袒露，饰项圈，下身穿僧裙，大腿内侧可见写实衣纹。坐具为单层覆莲座承托的圆形台座。

一代神童，理财能手

刘晏，字士安，曹州南华（今山东菏泽西北）人，唐中期杰出的理财家。安史之乱以后，唐王朝的经济状况非常糟糕，刘晏力挽狂澜，推行积极的财政政策和经济改革措施，对缓解国家财政危机起到了重要作用。

725年，唐玄宗前往泰山举行封禅大典。刘晏当时年仅十岁，他进献的《东封书》受到玄宗的高度赞扬。玄宗命宰相张说试试他的才华。张说试完亦赞不绝口，并对玄宗说："此子乃国瑞也。"玄宗当即任命刘晏为秘书省正字，朝中上下均赞其为神童。

天宝年间，刘晏曾任夏县县令，他精明强干，在当地很有名气。他从不催缴赋税，可当地的税收总能按时上缴。后来他被推举为贤良方正，担任温县县令。刘晏任县令期间，政绩煌煌，百姓因此把他的成就刻在石碑上，以求让他流芳百世。很快，刘晏就又被升为殿中侍御史。

安史之乱爆发后，刘晏到襄阳逃避战乱。永王李璘想让他担任一个官职，但是他不愿意。当时唐肃宗已在灵武登基，刘晏写信给宰相房琯，说现在的分封不同于古代，现今诸王在外面领兵，一下子希望建立齐桓公、晋文公那样的功

少年读全景
资治通鉴故事 6

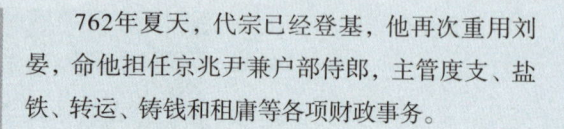

▶▶ 唐纪 下·后梁纪·后唐纪·后晋纪·后汉纪·后周纪　　▶▶ 唐纪 下

762年夏天，代宗已经登基，他再次重用刘晏，命他担任京兆尹兼户部侍郎，主管度支、盐铁、转运、铸钱和租庸等各项财政事务。

举贤任能，被诬致死

刘晏身居高位，又兼数职，执掌国家财政大权，可他清正廉明，从不假公济私。他本人以节俭闻名，其住所简朴得近乎寒酸，每天的饮食更是简单。当时的人们都对他赞不绝口。

刘晏巧妙地摒除了权贵及亲戚、故人的影响，始终坚持"任人唯贤"，在为官期间举荐了很多才华横溢的人。

刘晏主管东南地区财政事务的时候，政府"经费不充，停天下摄官"，而"独租庸得补署"。刘晏把握时机，提拔了几百名有才之人到自己手下做事，充实了官员队伍。这些人资历不深，社会地位也不高，可是他们具备一定的才干，拥有无限的潜力。刘晏对下属要求极为严格，所以当时的官场风气为之一新。

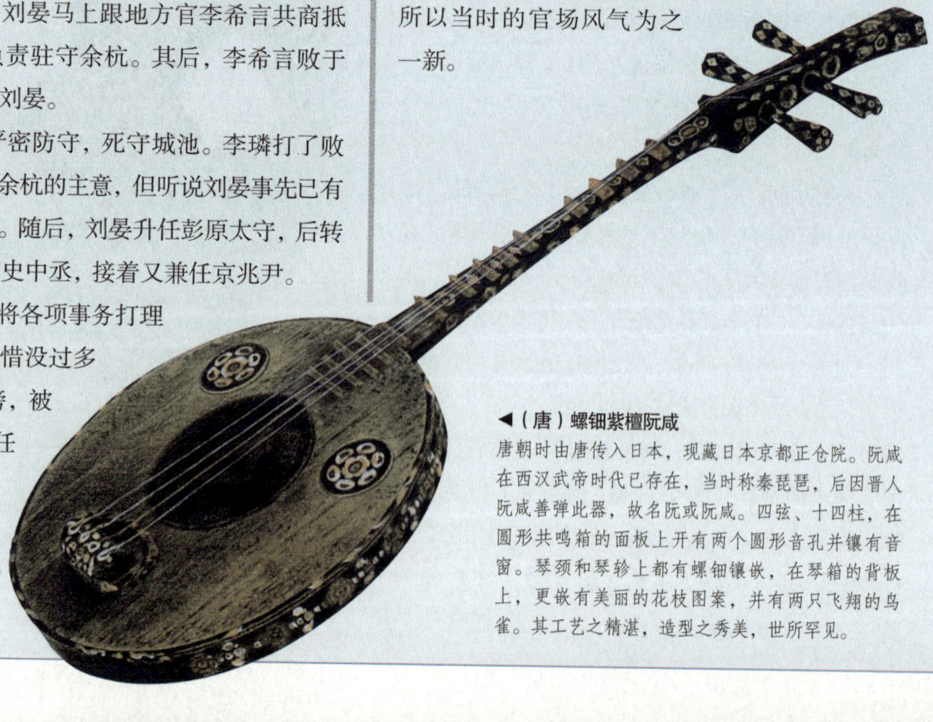

▲（唐）盘龙纹镜
镜面的龙纹刻画细腻而灵动，其刀法熟练，纹饰精美，代表了唐代镜制作工艺的最高水平。

业，不太可能。接着，肃宗便让他做度支郎中兼侍御史，负责管理江淮地区的租庸事务。

刘晏抵达吴郡之时，恰逢永王李璘举兵谋反，顺江东进。刘晏马上跟地方官李希言共商抵御之策，刘晏负责驻守余杭。其后，李希言败于叛军，便去投靠刘晏。

刘晏领兵严密防守，死守城池。李璘打了败仗之后，本想打余杭的主意，但听说刘晏事先已有准备，只得撤兵。随后，刘晏升任彭原太守，后转任户部侍郎兼御史中丞，接着又兼任京兆尹。任职期间，刘晏将各项事务打理得有条不紊。可惜没过多久他就受到诽谤，被贬到了通州担任刺史。

◀（唐）螺钿紫檀阮咸
唐朝时由唐传入日本，现藏日本京都正仓院。阮咸在西汉武帝时代已存在，当时称秦琵琶，后因晋人阮咸善弹此器，故名阮或阮咸。四弦、十四柱，在圆形共鸣箱的面板上开有两个圆形音孔并镶有音窗。琴颈和琴轸上都有螺钿镶嵌，在琴箱的背板上，更嵌有美丽的花枝图案，并有两只飞翔的鸟雀。其工艺之精湛，造型之秀美，世所罕见。

唐纪 下

(唐)掐丝团花纹金杯
此杯1970年10月出土于陕西西安南郊何家庄窖藏坑，杯口呈圆形，微外撇，杯腹内弧，小圈足，环状杯把上带小鋬。腹部焊附用金丝编结的蔷薇式团花四朵，团花边缘焊接连缀成串的小金珠。花瓣中心曾镶嵌宝石。

正因为刘晏处事公正，任人唯贤，所以他的下属都心存感激，也就更加尽职尽责，极少做两面三刀、徇私枉法之事。《旧唐书·刘晏传》说："郑子产吏不能欺，宓子贱吏不忍欺，西门豹吏不敢欺。三子者，古之贤人也，吏皆怀其术而不能、不忍、不敢也。晏之吏，远近自不欺者何也？答曰：盖任其才而得其人也。"此评价不可谓不高。

在选官、用人方面，刘晏始终有自己独特的标准，同时在处理事务和选人的实践中，他也一直坚持自己的用人思想，取得的效果十分显著。在安史之乱后的中唐时期，刘晏主持的财赋管理体系改革可谓混沌中的一抹亮色。《资治通鉴》就曾称赞："然惟晏能行之，他人效者终莫能逮。"为什么唯有刘晏才能"行之"？正是因为他率马以骥、处事公正，所以官员们服他、认同他。

刘晏掌管财政，总是先考虑百姓的利益。他每年都把各州县的收成状况知会给使司，收成好的年月就高价买入，收成不好的年月就低价卖出，这样做就能保证百姓不至于忍饥挨饿，四处流浪。

777年春天，宰相元载因骄纵妄为、贪污受贿、徇私舞弊，并与王缙拉帮结派，遭到代宗怪罪。代宗将此案交由刘晏审理。刘晏确认元载与王缙的犯罪活动属实以后，将二人绳之以法。

不久，元载的门徒杨炎升官做了宰相。当年，元载任职宰相时，杨炎是吏部侍郎，他因颇富文采受到元载的赏识，却与时任吏部尚书的刘晏始终不睦。刘晏依法将元载问罪后，杨炎也受到牵连，遭到贬谪。此时他升任宰相，没有忘记从前的仇怨，于是处心积虑地找刘晏的麻烦。

代宗曾专宠独孤妃，并钟爱独孤妃的儿子韩王李迥，而刘晏则曾秘密奏请代宗立独孤氏为后，此事若让当时的皇帝唐德宗知道，刘晏必然性命不保。传言虽然没有可靠证据佐证，杨炎却好像捡到了宝，他给德宗上书，诬陷刘晏。所幸宰相崔祐甫不相信杨炎所言，而重臣朱泚、崔宁等也为刘晏说情，这才使刘晏脱罪。但此事还是让刘晏失去了德宗的信任。780年正月，刘晏被贬为忠州刺史。

刘晏已经被贬出京师，杨炎却不愿就此罢休。当他打听到庾准曾与刘晏不和之后，便升庾准为荆南节度使。庾准上任后，诬陷刘晏在给朱泚的信中颇有微词，还招募士兵，擅拿官家的东西，甚至威胁传诏使者，图谋造反。杨炎还亲自上朝当证人。德宗昏庸，也不仔细调查就命人去忠州将刘晏缢死。

刘晏作为一个出色的理财专家，在执掌国家财政大权后，趋利避害，破旧立新，革除弊政，所推行的"民不加赋，而国丰饶"的经济改革取得重大成就，有力缓解了政府财政危机。

唐纪 下·后梁纪·后唐纪·后晋纪·后汉纪·后周纪　　唐纪 下

唐纪 下
帝王之师李泌

李泌是唐代名士，他身为帝王之师，历仕玄宗、肃宗、代宗和德宗四朝。其间他的命运大起大落，最终位极人臣，得以封侯。中唐时，国家内外交困，风雨飘摇，李泌鼎定乾坤，厥功至伟。可以说，在遭遇安史之乱的浩劫之后，李氏能守住大唐，没有让江山改旗易帜，主要靠郭子仪和李泌等大臣的握筹布画。

辅帝平叛，功成身退

李泌，字长源，祖籍辽东襄平（今辽宁辽阳），他的父亲曾入朝为官。李家世代书香，藏书汗牛充栋。李泌自幼学富五车，堪称博学。

728年，李泌刚刚七岁，就已能写文作诗。一次，儒、道、释三教学者齐聚一堂，唐玄宗就将李泌召进宫里，命他当场赋诗，他表现出来的超越常人的文学才华令在场众人万分叹服。后来，张说、张九龄、严挺之等大臣都十分看重李泌，玄宗还特命李泌陪太子读书。因为李泌与太子年龄相近，两人相处得非常融洽。

随着年龄日渐增长，李泌对《易经》等古书的研究愈来愈深入。据说他受教于世外高人，曾屡次到华山、嵩山、终南山等地游历，访道求仙。由此可见李泌始终不渝地追求道家超然世外的精神境界。

756年，太子李亨于灵武登基，史称唐肃宗。当时肃宗左右的文臣武将加起来还不到三十人，亟需力挽狂澜、救国家于危难之中的有本事的人。肃宗相信李泌有能力，便命人将他召到灵武。很快，郭子仪也带着五万精兵抵达灵武，李、郭二人一文一武，肃宗也就有了左膀右臂。

肃宗本想晋封李泌为右丞相，但李泌坚决拒绝，声称只希望以宾客的身份随从肃宗。李泌态度坚决，肃宗不得不妥协。后来，肃宗又想令建宁王李倓担任天下兵马元帅，李泌表示反对，认为李倓的哥哥、太子李豫才是合适人选。如果李豫空有太子的虚名，而别人却掌握了真正的兵权，这必将使国家面临动乱的威胁。肃宗非常认同他的看法。这个措施既调和了皇子之间的关系，也使朝廷上下万众一心。

肃宗李亨对李泌十分信任，两人出则并辔齐驱，寝则卧榻相对。李亨还是太子时，两人就是融洽的玩伴，

▶（唐）护法神像
此像头戴高冠，左侧缯带飘向头顶，右侧缯带垂向右肩。额头宽阔而向前突出，脸部微向里收，鼻子高挺，立目圆睁。左手握拳举向左上方，右手掌心向前方作施无畏印。上身裸露，下身着裙，臀部扭向左侧，裙带随之舞动，颇具动感而又不失剽悍。

少年读全景
资治通鉴故事6

▶ 唐纪 下·后梁纪·后唐纪·后晋纪·后汉纪·后周纪　　▶▶ 唐纪 下

◀（唐）唐三彩枕
1971年河南洛阳出土，洛阳市文物工作队藏。胎呈白色，施绿色底釉，上施褐、蓝、白等色釉。枕面呈微凹弧形，棱角分明，十分规则。枕面刻莲花图，以水草花纹为饰，线条流利匀致，图案生动有趣，侧面施褐釉作点纹，对枕面起衬托作用。

现在他当了皇帝，还是视李泌为密友，不论大事小事，就连将相的任免，也一定要问一问李泌的意思。可见，李泌名义上虽不是宰相，实际上却起着宰相的作用。

李泌在幕后出谋划策，肃宗按他的计谋指挥得法，从而使唐军决胜于千里之外。而郭子仪也正是在李泌的全力推举之下，才能够担任主帅，带领全军南征北战，取得赫赫战功。同时，李晟、马燧等良将也是在李泌的保护之下才能够幸免于难。皇宫内部数次发生冲突，也都因李泌才得以妥善处理。由他料理的关乎国家安危的大事不计其数，连玄宗能够由成都回到长安，也全靠他筹谋。

肃宗收复西京长安后，曾召见李泌。李泌向他请辞，并列举了五个理由："臣遇陛下太早，陛下任臣太重，宠臣太深，臣功太高，迹太奇，此其所以不可留也。"

事实上，李泌早就明白，肃宗对自己恩宠太过，大臣崔圆、宦官李辅国等人已经嫉妒得快要发狂。当初他不接受高官厚禄，坚持以平民的身份为肃宗出谋划策，就是想表明自己对政治不感兴趣，以避免自己卷入政治斗争的旋涡。而如今他向肃宗请辞，也是为了免遭杀身之祸。李泌最

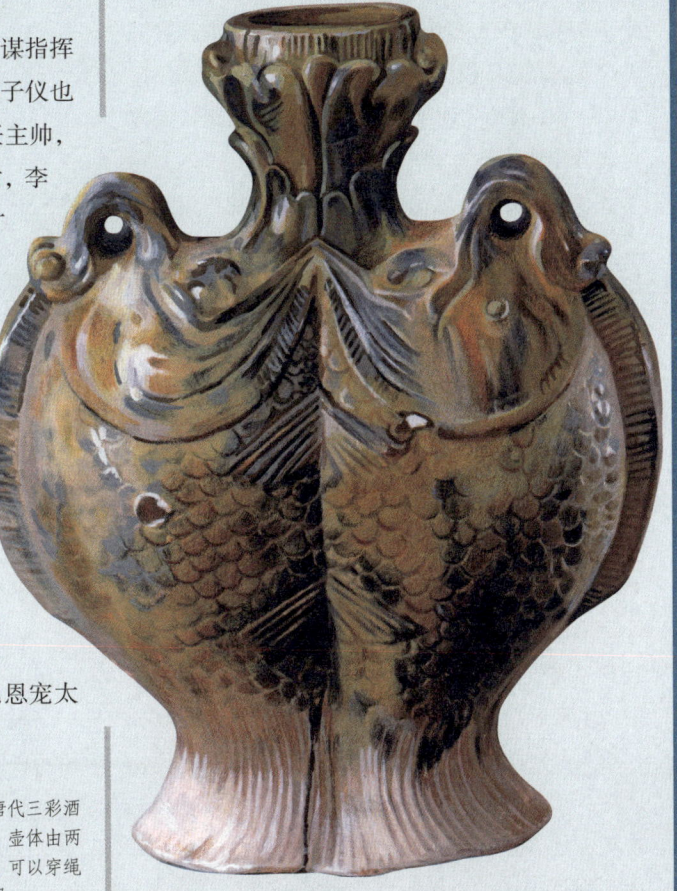

▶（唐）三彩双鱼壶
此壶1992年出土于陕西长安南里王村的一座唐墓，是唐代三彩酒器中少有的模仿动物形象的肖形酒器。该壶为扁圆腹，壶体由两条腹部相连的鲤鱼构成，肩部即两鱼头顶部各有一鼻，可以穿绳系提，器口较小，被两鱼嘴共同承起，鱼尾朝下为器足。

帝王之师李泌

○五一

终如愿以偿,避世于衡山。肃宗下令让地方官给他修了居所,赐他隐士服及三品俸禄。李泌可算得上是绝无仅有的一位钦赐道士。

白衣宰相,历仕四朝

762年,唐肃宗驾崩,唐代宗登基。代宗在重用宦官鱼朝恩和宰相元载的同时,派人去衡山召李泌觐见。代宗对李泌很尊崇,军政要务都跟他商量。代宗想让李泌做宰相,李泌依然拒不接受。

李泌以化外之人自居,不食荤腥亦不成亲,可是代宗却强迫他吃肉喝酒,成家立室,担任官职。李泌推托不掉,最终被代宗所迫,娶了妻子,还接受了御赐的在光福坊的宅邸。李泌的才华和受到的荣宠,遭到了权臣常衮的嫉妒。为了拔掉李泌这颗眼中钉,他以"便于了解民情"的理由跟代宗提议先让李泌当地方官,然后再调他回京任职。779年春,李泌受代宗之命,先任澧、朗、峡三州团练使,后又转任杭州刺史。此后,代宗在位期间,李泌屡遭奸人毁谤,一直没有受到重用。

779年初夏,唐代宗驾崩,太子李适登基,是为唐德宗。当时朝廷对武将心怀芥蒂,武将们屡遭罢免,愤懑不已,都不想再为朝廷效力,朝廷与武将的关系一度非常紧张。德宗知道唯有李泌才有办法解决这个问题。787年夏末,李泌被德宗提升为中书侍郎兼宰相,他上任不久就使武将们愤慨的情绪缓和下来,朝廷也不再人心不齐。

朱泚造反时,德宗曾跟吐蕃借兵,允诺平叛胜利后将安西、北庭两地割给吐蕃。在平叛过程中,吐蕃迟迟不肯发兵,发兵后追讨溃敌时不在焉,占领城池后掠夺财物时却特别积极。平叛成功,可以说靠的还是唐军一己之力。可这时,吐蕃竟派使者来索要安西和北庭,德宗应允了,李泌却强烈抗议:"安西、北庭控制西域五十七国

▲(唐)长沙窑褐斑贴花舞蹈人物瓷壶
壶高16.4厘米,撇沿,短颈,硕腹,平底假圈足。肩部置八棱形短流,与之相对的一侧有曲柄,流、柄之间置双耳。通体青釉并模印贴花装饰器腹,壶嘴下方为一头戴花冠、身着紧身衫、肩披彩带、在圆毯上起舞的舞伎。一耳的下方有侧立的吹奏者为舞伎伴奏,另一耳的下方饰单层方形宝塔。

及十姓突厥,皆悍兵处,以分吐蕃势,使不得并兵东侵。今与其地,则关中危矣。且吐蕃向持两端不战,又掠我武功,乃贼也,奈何与之?"他的话入情入理,令德宗打消了割地的念头。

789年,李泌向德宗请辞,理由是自己年纪大了,精力也越来越不济,但是没有被批准。不久,李泌因病去世。

李泌官拜宰相之时曾保全良将李晟、马燧,更将内政打理得井井有条。他积极发展与回纥、大食的友好关系,从而牵制吐蕃,使边疆得以安宁。总之,李泌在料理内政、处理对外关系、增加财政收入等方面,都做出了突出贡献。

唐纪 下·后梁纪·后唐纪·后晋纪·后汉纪·后周纪

唐纪 下
高仙芝镇守西域

高仙芝是高句丽人,唐玄宗时期的名将。驻守安西期间,他为保护西部边境的安宁及建立与西域的密切关系起到了非常积极的作用。安史之乱爆发后,高仙芝带兵退守潼关,有力地遏制了叛军进军长安的进程。可惜,因遭宦官毁谤,高仙芝最终被老迈糊涂的玄宗赐死。

外藩贵族,远征勃律

高仙芝,高句丽人,其父高舍鸡官拜诸卫将军,因此,他称得上是将门虎子。高仙芝英俊儒雅,且能征善战,有勇有谋,他小时候就跟父亲去往安西。其父战功卓著,他也因此被封为游击将军,后又升任将军,父子二人同朝为官。

起初,高仙芝是节度使田仁琬的直接下属,可惜田仁琬并不器重他。不久,大将夫蒙灵察担任节度使时,发现了他的才能,便开始着力栽培他。至开元末年,高仙芝已经官拜安西副都护。

747年,高仙芝受玄宗之命,担任元帅,带兵讨伐小勃律(今克什米尔吉尔吉特)。小勃律曾经归附大唐,后因该地区是吐蕃到安西四镇的必经之地,吐蕃赞普便把公主许给了小勃律王以拉拢小勃律。此后,小勃律王开始亲附吐蕃。吐蕃也借机迫使唐西北的数个小国屈服,不再跟唐政府来往。

▲(唐)人像陶灯
新疆吐鲁番交河故城沟西墓出土。泥塑,人物圆目低眉,有胡须,为一老者形象。

高仙芝带着军队自安西出发,一路上翻山越岭,先由拨换城进入握瑟德,然后通过疏勒,再翻过葱岭、播密川,终于到了小勃律特勒满川。

到达目的地后,高仙芝马上令疏勒守将赵崇玼从北谷道,拨换守将贾崇瓘从赤佛道,他与监军边令诚一起从护密道,兵分三路发起进攻,他还与诸将领约定在吐蕃连云堡会师。连云堡依山傍水,南有大山,北有婆勒川河,堡内有一千多人把守,城南又以山为栅栏,屯聚着九千多士兵。

唐军兵临婆勒川河时正值清晨,水流缓慢。高仙芝命令官兵每人准备好三天干粮后,率众人顺利渡河。连云堡守兵惊觉唐军从天而降,大吃一惊,胡乱拿起武器备战。高仙芝命部将李嗣业从险要之处上山,之后带人迅速冲杀。不到中午,连云堡就被攻陷,敌军五千人丧命,一千多人被俘,唐军缴获的战马、衣物等不可计数。

高仙芝本欲乘势杀到小勃律内地,但监军边令诚心存畏惧,不敢前行。高仙芝便给他留下三千人,让他留守,他自己则带着主力大军继续南行。

三天后,唐军抵达坦驹岭,第二天便成功迫近小勃律都城。

高仙芝让一名将领带精锐骑兵为先锋,随后

亲自带大军打进小勃律都城。小勃律国王和吐蕃公主跑到山洞逃难。高仙芝屡次派士兵喊话,他们才敢出来投降。为阻拦吐蕃援军,高仙芝令士兵迅速砍断娑夷桥。吐蕃援军赶到时,桥已经断了,他们心急火燎地想救援小勃律,却束手无策。

同年秋,高仙芝将小勃律国王和吐蕃公主押赴连云堡,与边令诚部会合,一起返回。慑于高仙芝平小勃律之威,不少曾受吐蕃控制的小国都归顺大唐。

747年冬,为表彰高仙芝,朝廷加封他为御史中丞。

退守潼关,被诬枉死

755年,玄宗晋封高仙芝为密云郡公。初冬,安禄山于范阳发动叛乱,挥军向南。玄宗先命封常清向东征讨叛军,接着令荣王李琬担任元帅,高仙芝担任副帅,二人一同领兵讨伐叛军。

不久,高仙芝等人自长安出发。玄宗在勤政楼大摆宴席,亲自为诸军饯行,还到望春亭送别,并令边令诚担任监军。

高仙芝领兵驻扎陕郡。当时国家已多年未有战乱,官兵战斗力很弱,又因为中原地区防御工事多年不用,破旧不堪,叛军得以迅速迫近东京洛阳,并大破封常清部。封常清带着所剩无几的士兵慌慌张张地去投靠高仙芝。

封常清在陕郡见了高仙芝之后,建议他退守潼关,因为叛军此时士气正盛,守住潼关可以遏制他们向西威胁长安。高仙芝认为他言之有理,便马上打开太原仓库,将里面的钱物都赏给官兵,之后纵火烧仓,迅速领兵撤往潼关。无奈撤退途中唐军被叛军追上,一触即溃,逃跑、被杀者无数。

勉强抵达潼关后,高仙芝即刻整饬部队,加强防守,官兵也因此士气大振。不久,叛军追击到潼关,却久攻不下,最后尴尬撤退。

潼关自古以来就是军事要地,是京都长安的东大门,倘若落入敌手,长安也就岌岌可危了。因此高仙芝退守潼关实际上是非常明智的。然而,

▶ (唐)青瓷马镫壶
出土于西安郊外的这件唐代青瓷壶具有明显的突厥风格,将北方游牧民族的马镫装饰于瓷壶上,是唐代中原文化与突厥文化交流和融合的体现。

少年读全景 资治通鉴故事 6

▶▶ 唐纪 下·后梁纪·后唐纪·后晋纪·后汉纪·后周纪　　▶▶ 唐纪 下

▲（唐）嵌螺钿镜
此为螺钿铜镜。唐人首创以螺钿之法装饰铜镜。所谓螺钿，是指在装饰面上涂以大漆，再将蚌片嵌于其上形成图案，最后打磨使之平滑的漆器装饰方法。唐时匠人在设计螺钿图案时已经开始关注细节，螺钿工艺已经十分精湛。

监军边令诚因旧怨始终对高仙芝充满敌意，便入朝诽谤高仙芝和封常清，说他们退到潼关非常失策，还诬陷高仙芝私吞粮饷。玄宗昏庸，再加上宦官在一旁煽风点火，便查也不查，怒气冲冲地下旨斩杀高、封二人。

年末，佞臣边令诚带着诏书到了潼关，他命人斩杀了封常清，还将他曝尸于芦苇之上。此时高仙芝等人恰巧回大厅，边令诚马上找了刀斧手，带着他们去大厅，宣称高仙芝罪行累累，论罪当诛。高仙芝深知自己被奸人所害，便力图为自己辩白，所有的官兵也都大叫冤屈。可是阴险之徒边令诚不顾国家利益，为泄个人私怨，坚持将高仙芝处斩。

高仙芝被冤杀使得军心动摇，也使唐廷丧失了一员有经验的大将，对安史之乱的平定造成了不利影响。

高仙芝镇守西域

少年读全景 资治通鉴故事 6

唐纪 下·后梁纪·后唐纪·后晋纪·后汉纪·后周纪

唐纪 下

南诏王异牟寻归唐

唐朝时，南诏向吐蕃俯首称臣之后，吐蕃对南诏课以重税，同时将其要塞之地全部霸占，用来屯兵、设哨卡，并且每年都从南诏强行招募士兵。诸如此类的事情，让南诏王异牟寻苦不堪言。最后他决意归唐，不再受吐蕃控制。异牟寻于779年继位，病逝于808年，在这三十年的时间里，南诏与唐王朝保持了团结、和睦的关系，客观上促进了民族融合。

臣服大唐，依附吐蕃

异牟寻的父亲凤迦异曾经在唐朝政府当官，官至鸿胪少卿。异牟寻当了南诏王之后，曾通过各种途径向唐王朝表示友善。

南诏是乌蛮人在云南洱海地区建立的一个少数民族政权，"诏"在乌蛮语中就是"王"的意思。洱海地区最初有六个政权，号称"六诏"，南诏只是其中之一。

653年，南诏王细奴逻令儿子逻盛炎入唐，唐高宗授予他巍州刺史的官职，唐政府与南诏始有往来。武则天当皇帝时，逻盛炎成为南诏王，也曾亲自觐见武则天。他到长安以后，武则天盛情接待，赐其大量珍物。逻盛炎去世后，他的长子炎阁即位，成为南诏王。

唐玄宗时，炎阁谢世，其弟盛逻皮成为南诏王。后来，盛逻皮的儿子皮逻阁继承父位，统治南诏，玄宗册封他为台登郡王。当时南诏以外的五诏及河蛮部落已经归顺吐蕃，时常在吐蕃的胁迫下向唐王朝挑衅，唯有南诏对唐政府始终如一，从不参与作乱。唐政府投桃报李，从各方面赞助南诏，使其实力日盛，其他五诏则逐渐衰落。

737年，皮逻阁率军攻打河蛮部落，占领大和城、大釐城。因皮逻阁在讨伐洱河诸部中立下大功，玄宗特地派使者前往南诏，册封皮逻阁为云南王，并赐其名为蒙归义，可谓礼遇有加。

▼（唐）周昉《挥扇仕女图》
《挥扇仕女图》又名《纨扇仕女图》，描绘了唐代宫廷贵妇夏日纳凉、观绣、理妆等生活情景，所绘贵妇体态丰腴，运笔细劲古拙，流动多姿，设色浓丽，风格典雅。

皮逻阁志存高远，欲乘势收服其余五诏，但力不从心。于是，他让幕僚去拜见唐剑南节度使王昱，请王昱向朝廷转达求助之意。当时唐军正在为占领安戎城跟吐蕃人交战，战况惨烈。玄宗考虑到对五诏出兵能使吐蕃有所顾忌，便答应了皮逻阁，派中使王承训和御史严正诲参与谋划。在唐军的帮助下，南诏很快就征服了其他五诏，在西洱河地区建立了统一政权。

739年，皮逻阁迁都至大和城。六年后，他派孙子凤迦异入唐做禁卫军。玄宗对凤迦异恩宠有加，让他做鸿胪少卿。

748年，皮逻阁去世，其子阁逻凤（即凤迦异的父亲）继承王位，凤迦异受封为阳瓜州刺史。天宝九载，阁逻凤欲去拜访唐边境官员。云南太守张虔陀对阁逻凤妻子意图不轨，并敲诈阁逻凤，阁逻凤不予理睬。张虔陀命人对阁逻凤破口大骂，还向朝廷进谗言。阁逻凤怒火中烧，发兵占领姚州，杀了张虔陀，接着向其他州郡进军。

779年，阁逻凤病死，他的儿子凤迦异早亡，于是凤迦异的儿子异牟寻便继承了王位。同年秋，南诏与吐蕃联合起来，起三路大军共十万，兵锋直指大唐边境。刚即位不久的唐德宗忧心忡忡。宰相杨炎提议令禁卫军、幽州军与山南兵联合出击，抗击南诏、吐蕃。德宗听从建议，命泾原都知兵马使李晟统领四千禁卫军，金吾大将军曲环统领邠宁、陇右、范阳五千兵马，由东川出发，从江油向白坝进军，与山南兵一同出击。最后，唐军大破吐蕃、南诏联军，范阳兵紧追不舍，再次大败南诏、吐蕃联军。

这时，南诏已归顺吐蕃，吐蕃便令南诏上缴重税，同时抢去全部要塞，用来屯兵，并且每年都从南诏强行征兵。此类事情让南诏王不胜其烦。

当时南诏抓到一个俘虏，名叫郑回。此人原是唐西泸县令，阁逻凤占领嶲州后抓了他，将其带回南诏。郑回的学识和品德令阁逻凤折服，阁逻凤便让他做了王室子弟的老师，并给他惩罚不用功读书子弟的权力，所以郑回在南诏颇具威望。

异牟寻即位后，一样器重郑回，还封他为清平官。郑回见异牟寻为吐蕃的不知餍足而终日锁眉，便说："大唐是礼仪之邦，从不倾轧邻邦。大王若是肯归顺大唐，就无须为吐蕃助战，好处甚多。"异牟寻觉得郑回言之有理，渐生归附唐朝的念头。

摆脱控制，全力归唐

793年，异牟寻决意归唐，以彻底脱离吐蕃的控制。他派的使者被成都官吏韦皋送入长安。德宗颁布诏书，大力表彰异牟寻，还派使者宽慰他。

同年秋，节度巡官崔佐时受命持诏书出使南诏，还给异牟寻带了帛书。崔佐时到达南诏，恰巧吐蕃数百个使者也在。此时郑回偷偷联络崔佐时，告知他南诏现状。崔佐时便劝异牟寻杀了吐蕃使者，除去吐蕃的封号，恢复"南诏"国号。异牟寻采纳了他的建议，派遣使者跟崔佐时回长安。

当时，吐蕃和回鹘正为争抢北庭而展开激战。吐蕃伤亡甚众，欲从南诏征募士兵万余人。异牟寻正想进袭吐蕃，便推说南诏国小人也少，只能征到三千士兵。吐蕃不答应，异牟寻将人数增加到五千，吐蕃才同意。异牟寻故意表现出实力微弱的样子，那五千士兵出发后，他亲自率兵尾随其后，星夜兼行，出其不意地攻击吐蕃。最终，吐蕃大败，伤亡惨重，异牟寻则马上遣使到长安告捷。

794年夏天，异牟寻派其弟凑罗栋和清平官尹仇宽等人到长安进献地图、土贡和吐蕃之前给的金印，祈求恢复南诏国号。德宗欣然应允，下诏封异牟寻为南诏王。

▼南诏德化碑
位于云南大理太和城遗址中。唐南诏群臣歌颂阁逻凤的汉文碑。记录南诏强盛时的疆域、军政设施、与唐的关系及境内各族生活习俗等。

唐纪 下

唐德宗削藩

唐德宗名李适，是唐代宗李豫之子。他在位期间，发愤图强，整饬吏治，提倡节俭，整顿财政，施行两税法，大大充实了国库。为强化中央集权，德宗确定了以藩制藩的战略思想，力图一举结束藩镇割据的局面。无奈德宗徒有削藩之志，却无任何能够付诸实践的策略，光是固执地坚持军事打击，致使战火四处蔓延，却没达到削藩的目的。

讨伐藩镇，收效甚微

762年，李适受代宗之命担任天下兵马大元帅，统率大军征讨史朝义。很快，安史之乱被平定。779年，李适登基，三十七岁的他正值壮年，踌躇满志，急欲复兴大唐。

平定安史之乱后，唐王朝内外交困，其中最大的威胁还是藩镇割据势力。当时，以河北和淮西的藩镇实力最为雄厚，它们不仅有自己的军队，还建起了官僚体系，在各自的辖境征税，却不向朝廷上缴，甚至狼狈为奸，一起跟朝廷作对。代宗在位的时候，朝廷无力削藩，因而总是一味妥协。

德宗见藩镇越来越嚣张，再也不愿忍气吞声，于是决意削藩。780年，他采取宰相杨炎提出的措施，颁布两税法，以充实国库，为削藩积攒经费。

781年夏，魏博节度使田悦向邢州和临洺进军，向朝廷挑衅。德宗命神策先锋都知兵马使李晟与河东节度使马燧、昭义节度使李抱真领兵支援临洺。不久，另一节度使梁崇义不遵朝廷旨意，拒绝招安，德宗便命李希烈带兵征讨梁崇义。杨炎提出异议，说李希烈心狠手辣，翻脸不认人，不能承担重任。可德宗却听不进去。

夏末，李晟、马燧、李抱真等将领在临洺大破田悦军队。与此同时，官军又于徐州大破魏博、淄青大军。当时平卢、淄青节度使李正己刚死去不久，其子李纳自作主张取而代之，被官军重创后，退到濮州。随后，德宗让卢龙节度使朱滔讨伐成德节度使李惟岳，李惟岳失利，败走恒州。

德宗令成德降将张孝忠担任易、定、沧三州

▼ 南禅寺大殿
南禅寺正殿外观秀丽，形制古朴，重建于唐德宗建中三年（782），是我国已知的现存最古老的唐代木构建筑，堪称国宝。

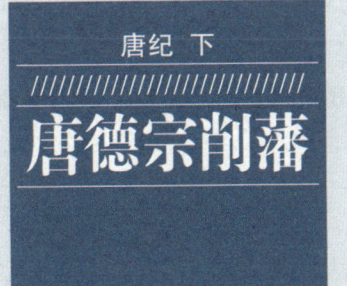

唐纪 下

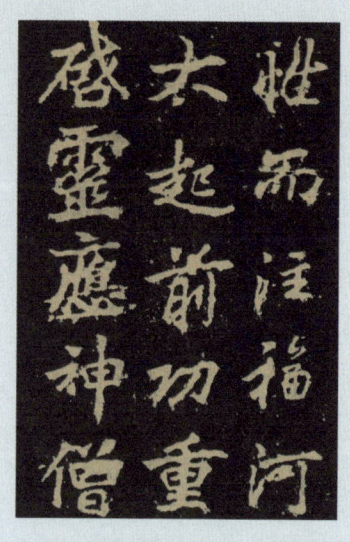

纵容宦官，宠幸奸臣

唐德宗纵容宦官是有原因的，泾原兵变发生时，有两个分别叫作窦文场和霍仙鸣的宦官因护驾有功，之后便开始统领禁卫军。

兴元初年，唐德宗令窦文场担任神策军左厢兵马使，从此宦官开始染指兵权。德宗回京后，对很多久经沙场的将领心存芥蒂。这些人中只要有兵权的，全被德宗免职，窦、霍二人受命统领神策军。

796年，唐德宗专设护军中尉之职，命窦文场担任左神策护军中尉，霍仙鸣担任右神策护军中尉，两人一同指挥神策军。后来，神策军人数增加到十五万，从此，"窦、霍之权振于天下，藩镇节将多出禁军，台省清要时出其门"，为晚唐宦官把持朝政、掌控兵权、行废立之事埋下了隐患。

建中年间，唐德宗器重奸相卢杞，致使颜真卿等良臣惨遭杀身之祸，天下更加动荡。

贞元年间，唐德宗重用佞臣裴延龄，命其掌控财政大权。裴延龄阴险狡诈，阳奉阴违，只顾满足德宗贪欲，肆意搜刮民脂民膏。宰相陆贽上书极言裴延龄之狡猾、骄纵，说他根本不堪重任。陆贽言辞恳切，可德宗却充耳不闻，还将陆贽等人全部贬出京师。

799年，唐德宗令常州刺史李锜担任浙西观察使兼诸道盐铁转运使。李锜对百姓极尽剥削之能事，然后用搜刮之物巴结天子。他恃宠而骄，胡作非为，偷盗国库钱物。当时，浙西百姓崔善贞到长安举报李锜罪行，德宗居然抓了他交给李锜处置，崔善贞随后被李锜派人活埋。从此，谁也不再敢举报李锜。

805年，唐德宗病死。他自认为有所建树，实际上不但未使天下归于安宁，还让国家再次陷入动荡之中。

节度使，王武俊担任恒、冀二州都团练使，康日知担任深、赵二州都团练使，同时，令朱滔主管德、棣二州。此举一方面意在封赏功臣、降将，另一方面也可削弱、分散藩镇的实力。

不料，王武俊心有不甘，觉得自己立头功，受到的赏赐却跟康日知一样，还不如张孝忠，因此坚决不赴任。朱滔想得到深州，也已派兵驻守，不愿跟康日知交接，对德宗的命令也有微词。德宗的任命反而使朱滔、王武俊跟田悦、李纳串通在一起，他们联合起来与朝廷作对，战火继续蔓延。

朱滔给任凤翔节度使的哥哥朱泚写信，约他起兵造反。信落到马燧手里，德宗就把朱泚召到京城，软禁起来。同时令朔方节度使李怀光辅佐马燧进军河北三镇。李怀光迎战一胜一败，双方战斗进入胶着状态。起兵谋反的头领约定一起称王，公然打起反抗朝廷的大旗。

而李希烈自打败梁崇义后就不再理会朝廷命令，还自封为天下都元帅。他命手下烧杀抢掠，同时围攻郑州，逼近东都洛阳。不久，因德宗指挥不力，官军屡战屡败。官军无力削藩，藩镇亦无力进攻，两方开始相持不下。

▲（唐）李邕《麓山寺碑》拓片（局部）
《麓山寺碑》亦称《岳麓寺碑》，李邕撰文并书，唐开元十八年（730）立，在湖南长沙岳麓公园。行楷书二十八行，满行五十六字，碑额阳文篆书"麓山寺碑"四字。此为李邕行楷书的代表作，笔法挺拔，气势纵横。

少年读全景
资治通鉴故事6

唐纪 下·后梁纪·后唐纪·后晋纪·后汉纪·后周纪　　唐纪 下

唐纪 下
李怀光兵变

李怀光是唐朝名将，在平定反唐叛乱的过程中立下了赫赫战功，却也因此遭奸臣嫉恨、诽谤，故一直怀恨在心。784年，李怀光身兼检校左仆射、灵州大都督、邠宁节度使等职。他趁泾原发生兵变，德宗陷于险境之时，公然谋反，与朝廷作对，使暂时得到缓解的紧张局势再度剑拔弩张。

▼（唐）宦官骑马像
唐宪宗至昭宗末期，是唐朝宦官专权的鼎盛期，朝中大权基本落入宦官手中，制定国策、任免将相，以至于皇帝的生杀废立，都掌控在宦官手中，皇帝成了宦官手中的玩物和傀儡。

率兵平乱，居功自傲

李怀光是渤海郡（今吉林敦化）人，本姓茹。其父因战绩显赫被赐国姓。李怀光性情火暴，奸诈狡猾，疑心甚重。他少年时即投军，因屡立战功，一步步升到都虞候。德宗初年，李怀光担任检校刑部尚书、邠泾庆三州都将及朔方节度使，曾受命抗击吐蕃，令吐蕃人闻风丧胆。

782年，李怀光受命讨伐魏博节度使田悦。次年，泾原爆发兵变，唐德宗到奉天逃难。叛将朱泚带兵进逼奉天，李怀光立即带领大批人马前去勤王，杀得朱泚部丢盔卸甲，因此被晋封为副元帅、中书令。

李怀光始终相信，一定是因为卢杞等奸臣多行不义之事，朝中才会动荡不安，故坚持建议德宗惩罚那些人。卢杞听到风声之后，心存畏惧，就跑到皇上面前说："怀光勋业，宗社是赖。臣闻贼徒破胆，皆无守心。若因其兵威，可以一举破贼；今若许其朝觐，则必赐宴，赐宴则留连，使贼得京城，则从容完备，恐难图之。不如使怀光乘胜进收京城，破竹之势，不可失也。"德宗听他说得有道理，就让李怀光径直率军到便桥，跟别的将领一起收复京都长安。

李怀光原想自己怀一颗赤诚之心，为解救国难而风餐露宿，翻山越岭，终于大破朱泚，皇帝一定会亲自接见自己，不想德宗竟然连见都不见就让他再去别的地方打仗，这口气咽不下去。于是李怀光就跟别人说："吾今已为奸臣所排，事可知矣！"随即屯兵咸阳，拒不受命。接着，他又数次上表，举报卢杞等人罪行，其他官员也都将矛头指向卢杞等人，德宗只得将卢杞等一干人免职。

李怀光见皇上在自己的压力下，罢免了卢杞等人，心里突然害怕起来，唯恐朝廷秋后算账，便有了谋反的想法。同时，他嫉恨李晟功勋昭著，不希望李晟征讨叛军得胜，就请德宗将自己的军队与李晟的军队合军，想以后寻找机会将李晟的军队纳入自己帐下。德宗不明就里，居然批准了。

李怀光图谋不轨，所以他的作战计划跟李晟的总是相反，两军之间也因此有了嫌隙。李怀光在咸阳屯兵数月，始终不肯进兵。德宗数次敦促，他总是以士兵需要休整为借口，不受诏命，暗地里则跟朱泚狼狈为奸，图谋造反。

举兵叛唐，对抗朝廷

784年，李怀光公然反叛朝廷，使渐趋缓和的局面又变得紧张起来。

当日奉天之围解除之后，德宗曾派人跟吐蕃借兵，以尽快收复长安。吐蕃答复，除非得到主兵大臣李怀光的签名制书，否则不会出兵。德宗马上令翰林学士陆贽通知李怀光签字，李怀光拒不从命，导致吐蕃一拖再拖，不肯发兵。

兴元元年春，德宗派神策右兵马使李升等人传令，将李怀光晋升为太尉，增食实封兼赐铁券。太尉一职始于秦朝，到了唐代，随着三省六部制的实行，太尉成了一个虚衔。简言之，德宗此举意在夺去李怀光的兵权。因此李怀光大怒，将铁券扔到地上，说皇上这样是逼他起兵叛乱。当时韩游瑰还把持着奉天的兵权，李怀光就写信约他一起造反。韩游瑰当即将此事密奏朝廷。次日，李怀光又来信劝说，韩游瑰照实上报。随后，李怀光干脆派人去说服韩游瑰，韩游瑰便将来人抓了起来。不久，李怀光公开造反。

李怀光一反，德宗为避锋芒，只好赴梁州逃难。此时，李晟已经率军至东渭桥，欲收复被朱泚占领着的长安。李怀光领兵攻打鄜坊节度使李建徽和神策行营节度使杨惠元等人军队，将驻扎在咸阳的主力部队慢慢转移。

朱泚得知李怀光起兵叛乱，满心喜悦地对他

▲（唐）风衣风帽彩绘陶男立俑
高20厘米，宽7厘米，辽宁朝阳唐墓出土。据墓志记载，墓主蔡领达葬于唐初贞观十七年（643）。该墓的陶俑群突出表现了墓主人的外出仪仗场面。

唐纪 下·后梁纪·后唐纪·后晋纪·后汉纪·后周纪　　唐纪 下

▶唐修孔子庙碑（明拓）
此为明时拓本，碑建于唐开元七年（719），在山东曲阜。隶书21行，行60字，拓本2册，长23.5厘米，宽13厘米，有邢章跋、潜子跋："此碑兼用篆法神明于规矩之中，故为唐隶上品，拓亦纸墨具精。"李邕文，张庭珪书。

许以高官厚禄。李怀光率军抢掠岐、邠二州及泾阳、三原、富平等地，然后从同州出发，奔赴河中，其得力干将孟涉、殷威勇等则率几千兵马投靠李晟。

后来，韩游瑰斩杀了李怀光的部将张昕后，带领驻守邠州的部队归顺朝廷。唐将戴休颜则在奉天领兵奋力抗击叛军。德宗遂升韩游瑰、戴休颜二人为节度使，并下诏一一列举李怀光之罪行，宣布罢免他的所有官职。

同年夏，李怀光进抵河中，同时占领同、绛等州，这时他已经掌握了一支足以反抗朝廷的军事力量。但他按兵不动，想看看朝廷下一步的动向。

785年，唐德宗任命浑瑊为河中节度副元帅，浑瑊率领部众重新占领同州后，几次与李怀光交锋都为其所败，不能前进。于是当时许多朝臣建议赦免李怀光的罪，德宗都没有答应。后来，他又任命河东节度使马燧为副元帅，与浑瑊、骆元光、韩游瑰、唐朝臣等会兵共讨叛军。

马燧率步骑三万人攻拔绛州，随后分兵攻取闻喜、万泉、虞乡、永乐、猗氏等地，后又在陶城斩敌首万余级，与浑瑊军相会合，直逼河中李怀光大本营。4月，马燧、浑瑊在长春宫南大破叛军，并掘堑壕围宫城。李怀光部将相继降唐，朝廷又任命马燧、浑瑊为招抚使。

这时，韩游瑰请示浑瑊，共同攻打朝邑。李怀光部将阎晏欲领兵出城迎战，其部下却因对方军中有自己的亲人，不愿出战，阎晏立即引兵退去。李怀光看到众心不从，便诈称要归顺唐廷，就这样拖延了近一个月。当时，因灾害连年，军中物资粮食极其匮乏，于是又有人提议赦免李怀光，但李晟极力反对，并陈述了五点理由，力主平叛到底。他请求朝廷发兵两万，独自带兵讨伐李怀光。

同年夏，马燧从前线回京，建议除恶务尽，并要求拨给官兵一月粮。他的这些请求都得到了德宗的全力支持。一个月后，马燧回到前线行营后，当即与诸将商议攻打长春宫，并亲自深入宫城下，向守将徐庭光喊话并策反他的军队。

数天后，马燧、浑瑊、韩游瑰三支主力进逼河中焦篱，当地守将尉硅率部众投降。这天夜晚，李怀光举火联络，诸营不予响应。这时，马燧却已率大军抵达河西，河中军士顿时惊慌，李怀光无法控制局势，自缢身亡。朔方将领牛名俊砍断李怀光首级出城投降。当时，城中的河中兵还有万余人，马燧只斩杀了阎晏等七名首犯，其余士兵皆无罪释放，叛乱就此被平定。

李怀光身兼数职，统领重兵，在平定反唐叛乱的过程中立下了赫赫战功，最后却糊涂地公然起兵谋反，与朝廷抗衡，最终落得个身首异处的悲惨下场。

李怀光兵变

唐纪 下

李晟力挽狂澜

唐王朝崇尚军功，亦非常注重门第和出身，许多贵族出身而又能征善战的世家子弟得以崭露头角，为大唐立下了汗马功劳。这些人当中，西平郡王李晟是中唐时期的佼佼者，他凭着对国家的赤诚之心和智勇双全的本领救大唐于危难之中，成为流芳百世的一代名将。

勇猛善战，名震河西

李晟，字良器，洮州临潭（今甘肃临潭东）人，其祖父和父亲都是驻守陇右的军官。李晟秉性刚正，擅长骑射，酷爱钻研兵法，十八岁便投军，在大唐名将王忠嗣麾下任职。

李晟因在沙场上有万夫不当之勇而威震河西。一次，李晟跟随王忠嗣参与征讨吐蕃的战役。吐蕃有一猛将固守城池，顽固抵抗，令唐军损失惨重。王忠嗣将军大怒，召擅长射箭的士兵射杀那番将。李晟受命之后，搭弓射箭，一举射中，唐军士气大振。从此，李晟被王忠嗣赞为"万人敌"。

李晟不但武艺超群，而且长于谋略。769年，吐蕃大举入侵灵州，其时驻守凤翔的唐将李抱玉命李晟担任右军都将，带五千兵马抗击吐蕃。可李晟嫌人手太多，只带了一千人就出发了。众人径直到了临洮，攻陷定秦堡。吐蕃无奈，只得放弃对灵州的围攻。李晟立下大功，升任左金吾卫大将军兼泾原四镇北庭都知兵马使。

784年，李怀光和朱泚狼狈为奸，起兵造反，致使刚刚趋于缓和的紧张局势再起波澜。情势危急，李晟马上带兵救援唐德宗，他运筹于帷幄之中，决胜于千里之外，终于使朝廷渡过难关。

李怀光造反之初，德宗跑到梁州避难，他命李晟担任尚书左仆射兼同中书门下平章事，又兼河中、同绛节度使。这样，救国于危难的重担就落在了李晟一个人肩上。他不敢有丝毫疏忽，上任后就整饬军队，加固城池，为收复长安做准备。

当时李怀光和朱泚联手谋反，叛军气焰正盛。李晟和他的军队夹在两股叛军中间，粮饷不足，也不可能有外援，可谓孤军奋战。面对这样危急的形势，李晟却处乱不惊，他以身作则，鼓舞官兵，预备竭尽全力跟叛贼斗争到底。

▶（唐）宝花镀金银饰片
青海省都兰县热水唐代墓葬出土。图案为缠枝忍冬花结。该饰片是唐时从西域流入吐谷浑地区的装饰物。

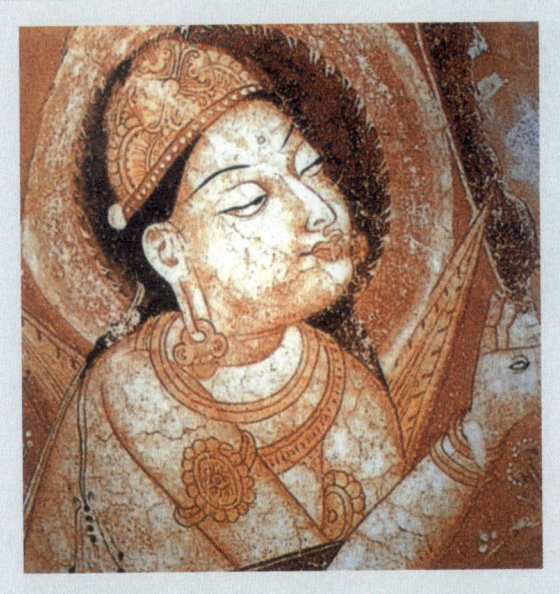

▲（唐）佛像
出土于新疆策勒达玛沟。人物形象丰满，颇具唐朝绘画风格。

李晟认为，瓦解叛军应以攻心为上。他给李怀光写信，说自己很明白他是被逼无奈才走到这一步的。然后他又派判官张彧担任代理京兆尹，去渭北征集粮饷。没几天，粮饷就已准备充足，从物质上为收复京师打下基础。因德宗命令所有将领和军队都要听李晟的指挥，故那时有不少李怀光的手下前去投靠李晟，这极大地鼓舞了士气。与此同时，李怀光率领的叛军内部人心涣散，战斗力严重下滑。恰好李怀光又与朱泚发生了摩擦。李怀光既怕手下哗变，又怕李晟攻打他，不得不带着残部转至河中。

力挽狂澜，收复长安

784年夏，李晟通知全军，收复京城的时机已经到了。他率军来到了长安的通化门外，叛军居然不敢迎战。李晟便回营与诸将商议攻城的具体方案，将保全百姓和京城作为首要目标。

不久，唐将尚可孤大败叛军。几天后的夜里，官军追近长安，李晟坐镇指挥。不久，朱泚的部将带大量人马援助长安叛军。李晟审时度势觉得可以攻城了，便令副元帅吴诜率军发动攻击。官军勇往直前，大败叛军，随后成功进入光泰门。

三天后，唐军又一次发起进攻。许多将领建议西部援军来了以后再一起夹击叛军，李晟则觉得应该乘胜追击，不能给叛军喘息的机会，否则就很难成功了。结果唐军再次取得胜利，收复长安指日可待。第二天，唐军再次大破叛军，打到白华门时，数千叛军在官军后面偷袭。李晟带着一百多人调转马头回击，他的亲兵开始大呼："相公（李晟）来了！"叛军闻之色变，作鸟兽散。朱泚带着残兵败将仓皇逃出长安，李晟则紧追不舍。

唐军收复长安后，对城里百姓大加抚慰。李晟手下一员大将私藏叛军军妓，将领尚可孤的手下私抢叛贼留下的马匹，这些人都被李晟下令斩首示众。从此，官兵秩序井然，再不敢骚扰百姓。

后来，朱泚被部将所杀。夏末，德宗平安回到长安。至此，长达九个月的朱泚之乱平定了。

朱泚之乱平息后，朝廷上下开始讨论如何处理李怀光。唐德宗因念及李怀光曾有护驾之功，想赦免他的罪。李晟则指出五个不该赦免李怀光的原因，其中最重要的是不可以姑息他们的窥探之心，加上国库亏空，入不敷出，如果李怀光对所给予的恩赐不满，会再次引起暴乱，危及国家。于是，唐德宗派马燧、浑瑊征讨李怀光，几十天后，李怀光众叛亲离，最后自尽而亡。

中唐时，边境不宁，各地藩镇据守一方。李晟对朝廷一片忠心，他骁勇善战，足智多谋，在平朱泚之乱、剿李怀光叛军、奋力保护西北边疆安全和抵制吐蕃的战争中力挽狂澜，立下了汗马功劳，因此备受后人称赞。

唐纪 下

杨炎公报私仇

杨炎是唐德宗时期的宰相，因创制两税法而誉满天下。他曾被贬谪流放，后升迁为辅相，进而独揽国政。虽然杨炎为人傲慢自大，睚眦必报，但他推行的税法改革，使国家财政收入与宫廷消费之间的钱物分配逐渐形成定制，对唐后期的财政管理制度产生了有利的影响。

才能卓著，报恩复仇

杨炎，字公南，凤翔天兴（今陕西凤翔）人。他才华横溢，精通文学，在当地颇有名气。初入官场时，杨炎任职河西节度掌书记。他报复心极强。一次，神乌县令李太简酒后出言不逊，冒犯了杨炎，杨炎为此耿耿于怀，并伺机报复。后来他让人缚住李太简，将其毒打了一顿。当时，杨炎因很受节度使吕崇贲的赏识，才没有遭受惩罚。

后来，李光弼请杨炎任判官，他以侍奉亲长为由拒绝了。朝廷诏他为起居舍人，他也不接受。后来父丧，服丧期满，他才就任为司勋员外郎，又迁调为礼部郎中、知制诰，后又任中书舍人。其时他与常衮共同负责起草诏书事宜，常衮长于草拟赐爵、授官文诏，杨炎则长于起草恩赏诰书。他们二人起草的文诏文采飞扬，世人合称他们为"常杨"。

杨炎以举贤荐才而称誉朝野，一时很得人心。唐代宗时，宰相元载见杨炎颇有才能，又与自己是同乡，就想拉拢他做自己的心腹。后来，元载因拉帮结派、公然受贿、穷奢极欲、横行霸道、多行不义，被代宗处以死刑。杨炎也受到牵连，被贬为道州司马。

杨炎虽被贬职，但德宗即位后他马上应诏为相，仅在数月之间，就以独到的政见积极辅佐德宗，取得卓著政绩，因而受到百官称赞，获得"贤相"之誉，人们对他寄予了极大的期望。

后来，崔祐甫身患重病，不能辅政，宰相乔琳也被罢官。一时间，杨炎成为权倾朝野的大人物。杨炎气量狭小，一朝大权在手就专以答恩报仇为事。

▼（唐）贵妇礼佛像
新疆吐鲁番柏孜克里克千佛洞9世纪壁画。两位贵妇的脸型与中原妇女相同，但服饰具高昌回鹘人的特征。

少年读全景
资治通鉴故事 6

▶ 唐纪 下·后梁纪·后唐纪·后晋纪·后汉纪·后周纪   ▶▶ 唐纪 下

◀（唐）各国王子举哀图（局部）
原图灵台塑涅槃佛像，周围画满悼念的僧众和各国王子。各国王子对佛祖涅槃那痛不欲生的表情刻画得很逼真，画面充盈着一种浓郁的生活气息。而且，画家对各种服饰的描绘也很见功力。

死因，表达对朝廷的不满。杨炎怕人们因刘晏之死而向自己兴师问罪，就派心腹到各地为自己辩解，宣扬说处死刘晏是德宗的旨意。德宗听说后，派人到李正己那里调查核实此事，得知情况属实后，遂萌发了诛杀杨炎的想法。

改革财政，被诬而死

德宗在位时期，土地兼并现象十分严重。农民失去了土地，却还要根据租庸调制按人丁纳税，因此大量农民因无力承担赋税而逃亡；与之相反的是拥有大批土地的地主只需按照人丁交税。这样一里一外，使得朝廷税收损失巨大。杨炎任宰相后，在全国推行两税法。他所提出的"量出

杨炎一直想报答元载的恩德。781年春天，他上奏请求施行元载提出的在原州修城筑围的遗策。德宗便派使臣向泾原节度使段秀实探问此举是否可行。段秀实为人刚正、坦荡，直截了当地指出这一举措的坏处。杨炎得知此事后勃然大怒，认为段秀实是有意反对自己，便想尽办法将段秀实由节度使降为了司农卿。

杨炎还进谗言害死了理财大臣刘晏。刘晏死后，节度使李正己多次上表朝廷，询问刘晏

▶（唐）八棱人物金杯
杯口呈八角形，口沿外侈，小喇叭形圈足，环状鋬，杯身有八道纵棱。该杯系浇铸而成，器体敦厚。内壁光素，外雕人物花纹，八个棱面各有一个人物形象。其中一人双手合十，袒腹裸胸，余七人穿窄袖翻领袍，高腰靴。八人中有四人腰悬刀剑。从服饰装束和面目上看，多数与中原汉人有异，形象与边远地区少数民族或外国人相似。人物的周边还饰有各种植物花纹、几何纹和"心"字纹。

杨炎公报私仇

唐纪 下

为入"的财政思想，相比此前的"量入为出"原则有很大进步。他还将"人无丁中，以贫富为差"作为两税法的课税标准，即每户按照贫富状况——拥有土地和财产的多少纳税。这废除了唐朝以丁为本、不问资产而进行征税的租庸调制，大大削弱了官府对农民的控制，还扩大了税源，增加了财政收入。总之，两税法的颁布和实施适应了社会生产力的发展。

唐前期，国家的财政由太府寺下属的左藏库收支。安史之乱后，左藏库的财物并入到了宫廷的大盈内库，由宫禁宦官管理。而宦官由此得以假公济私，中饱私囊，导致财政系统紊乱，财政收支难以清查。杨炎出任宰相后，立即劝谏德宗不可把国家财赋变成宫廷私产，应将大盈内库的财赋权收归中央，并恢复左藏库的职能。德宗认为理应如此，便接受了他的建议。

781年，素与杨炎不和的卢杞出任宰相。杨炎曾经为筹资修建家庙，请河南尹赵惠伯替他将东都的私家宅院卖掉，赵惠伯却高价将此宅买下用做官衙。

大臣严郢审查后，认为赵惠伯抬高私宅价钱，使杨炎从中牟取了暴利。于是，卢杞立即下令大理正田晋审理此案。田晋认为杨炎从中获取私利，就该根据余利定罪，革其官职。

可是卢杞对此裁决十分不满，远贬田晋为衡州司马，又委派其他官员继续审处，后判定杨炎之罪当处以绞刑。

此外，又有谣言说杨炎在曲江南所建之家庙有帝王之气，卢杞借此诬陷杨炎谋反。德宗听后勃然大怒，下令重处杨炎。

同年秋，杨炎被贬为崖州司马，朝廷的诏书上写着：尚书左仆射杨炎蒙皇上恩宠，享受高官厚禄，却内无训诫，外通奸佞，贪污受贿，违反法纪，以公谋私，纵恣诈欺，损害国家。

诏令下达后，杨炎当即被遣押上了放逐之路。经过鬼门关（古关名，在今广西北流市西南）时，一种不祥的预感掠过他的心头，他不禁作诗一首："一去一万里，千知千不还。崖州何处在，生度鬼门关。"不出所料，杨炎刚过鬼门关，就接到了德宗下的赐死诏书。杨炎死时仅五十五岁。

杨炎是唐代经济改革家、两税法的创始人。德宗期间，他为相两年，在财政上大胆革新。他把国家财赋从由宫中宦官管理的皇帝内库重新移回左藏库，恢复了唐朝前期国库收入与皇帝私有财产分离的原则，维持了国库掌管财政收支的制度。但他公报私仇，诬陷贤良，引起举朝上下的反对，最终遭受佞臣卢杞的设计陷害，完全可以说是咎由自取。

▼（唐）回鹘公主陇西李氏供养图
甘肃敦煌莫高窟壁画，所绘为甘州回鹘人形象。

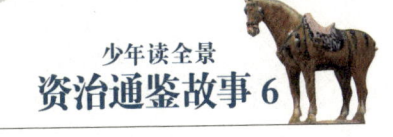

唐纪 下

政经专家陆贽

陆贽是唐朝中期著名的政治家，他的政治思想在我国封建社会占据着举足轻重的地位，《新唐书》称赞他的政治思想"可为后世法"。司马光著《资治通鉴》时选用陆贽《陆宣公文集》中的奏议多达三十九篇。现代史学家范文澜评价陆贽是"唐朝中期卓越的政治家"，这一称誉对陆贽而言，可谓名副其实。

生逢乱世，为官刚直

陆贽，字敬舆，苏州嘉兴（今属浙江）人，才华横溢，文辞出众。陆氏自东汉以来就是当地的名门望族，但陆贽出世时，家道已经中落。其父陆侃曾出任县令，早年离世，陆贽由母亲养育长大。

771年，陆贽中进士，踏上从政为官之路。唐德宗时，陆贽任翰林学士。当时藩镇嚣张，政治腐败，叛军攻入都城长安，朱泚自立为帝，陆贽不得不随德宗逃往奉天。李怀光谋反后，陆贽又跟从德宗逃往梁州。及至长安光复后，陆贽升迁为中书舍人。自任翰林学士后，陆贽就负责文书的起草工作，很受朝廷重视。

791年，陆贽改任兵部侍郎。次年出任宰相。他为相期间，励精图治，针砭时弊，制定了宏伟规划，为国家献计献策。

陆贽品行刚正，克己为人，以江山社稷为重，敢于纠正帝王的过错，痛斥奸佞小人祸国殃民的罪行。他强调治国要以百姓为本，对"富者兼地数万亩，贫者无容足之居"的巨大差异深为愤慨，十分怜悯下层百姓。他还劝诫德宗节俭爱民，抵制暴敛民财，主张使"一代黔黎，跻富寿之域"。

陆贽在位时，户部侍郎裴延龄因谄媚奉承而得德宗宠信，人们都对其深恶痛绝，但又惧怕其权势，所以只好忍气吞声。陆贽毫不惧怕，数次将裴延龄的罪状上书给皇帝。德宗亲奸佞，不但拒听良言，还将陆贽贬官降职。

后来，陆贽又被贬为忠州别驾。尽管仕途接连受挫，陆贽依然忧国忧民，心系天下。因为当地气候环境极差，导致瘟疫暴发，他便笃志编写了《陆氏集验方》五十卷，以供百姓治疗疾疫之用。

陆贽一生著作颇丰，有文集《陆宣公集》等

◀（唐）炳灵寺第六十四龛造像
此龛建于仪凤三年（678），龛为长方形，所塑之像圆润丰满，秀丽端庄，反映了炳灵寺的造像风格。

▶（唐）敦煌第一七二窟西壁龛顶飞天

盛唐时期的飞天形象比较写实，线条纯熟，造型丰满，而且姿态变化灵活，画面构图时有新意。除了常见的侧飞、俯飞等，更有上下交错的急飞，例如敦煌第一七二窟西壁龛顶的二身飞天，于龛顶华盖的南侧，一来一往，围绕着华盖快速飞旋。一身犹如直立升空，一身犹如急速下降，飞翔的动势在飘浮的彩云衬托下，显得更为强烈。

传至今世。文集中剖析政治的文章都是脍炙人口的佳作，被誉为"经世有用之言"。

善于治国，思想传世

安史之乱使唐朝受到重创，从此一蹶不振，到德宗时，国家已满目疮痍，积重难返。德宗认为这种现状完全是天意所致，并不是人力所能改变的。陆贽立即指出德宗迷信"天命"的思想是错误的，不应该把国家盛衰归咎于天意。他指出"天视自我人视，天听自我人听，则天所视听皆因于人，非人事外自有天命也"，批判了天命思想，得出了"天命在人"的结论。他还说："人事治而天降乱，未之有也；人事乱而天降康，亦未之有也。"阐明了国家治乱在于人，而不在天。

陆贽认为"治"和"乱"是对立统一的。他认为治国时，人的主观意志起主要作用。所以他多次劝谏唐德宗不要因"乱"而忧虑不安，也不要害怕遭受厄运，只要振奋精神，全力治理好国家，就能使国家兴旺。陆贽这种反对天命、注重人事的观点，是其治国思想的理论基础。

陆贽深刻阐释了"民为邦本，本固邦宁"的儒家思想，指出"立国之本，在乎得众"，即"得众则得国，失众则失国"。陆贽强调民心的地位和作用，这也正是他治国思想的重点所在。

陆贽上奏皇帝，恳请赈灾救民，以此来博取民心。792年，东南地区发生洪灾，他力劝德宗关怀灾民，体察灾情，并建议国家减少开支，厉行节约，减免京城及周边州县的赋税。

此外，陆贽还劝谏德宗把过失归在自己身上，勇于改正过错，用自责来感动百姓。然后，他还代德宗书写反省的文书，在诏书中专门强调，那些受到反贼蛊惑而造反的人，若能及时醒悟，弃旧图新，朝廷将免去罪责，不予追究。诏书下达后，无论是黎民百姓还是官兵，都深受感动。

作为唐代杰出的政治家，陆贽的仕途十分坎坷。在当时特定的历史条件下，他推行的措施很难在短时间内取得卓著的成果，加上唐德宗虽赞同陆贽的某些提议，却不付诸实施。所以，虽然陆贽高居相位，政治才能却没有得到施展，这不能不算是一桩憾事。

唐纪 下·后梁纪·后唐纪·后晋纪·后汉纪·后周纪　　　唐纪 下

王叔文是越州山阴（今浙江绍兴）人，唐朝著名的政治家、改革家。唐顺宗时，王叔文在顺宗的支持下推行新法，史称永贞革新。但是改革遭到了守旧派的破坏，而革新派势单力薄，无法与守旧派抗衡，结果以失败告终。

唐纪 下
王叔文变法

伴读东宫，参与朝政

王叔文虽出身贫寒，但读过一些经籍，从小就胸怀大志，懂得治国安邦的道理。此外，他还通晓弈理，棋艺高深。唐德宗时，王叔文曾任棋待诏，负责在东宫陪侍太子李诵下棋。当时，同在东宫侍候太子的王伾工于书法，专门侍候太子练书法，是侍书待诏。他们与太子朝夕相处，经常议论时事，太子十分欣赏和信赖他们。

一天，太子与王叔文等说起了宫市（宫市，即宦官到街市上强夺百姓财产，是一种扰民的弊政）的危害，他说："我打算向父皇上奏此事。"在场众人听后都交口称道，只有王叔文缄口不语。太子不解，待众人离开后，他问道："您刚才为何一声不响？"王叔文回答说："蒙您信赖和厚爱，如果我有什么主意，一定会说出来。太子只管潜心读书，不可干涉

▶（唐）文官俑
此俑身材修长，双手执圭板拱于胸前（圭板遗失），神情自若，庄重文雅。唐代艺匠对文官俑的塑造，着意从外形上突出表现，一方面将其塑以峨冠博带，长袍阔袂，表现出神情拘谨和温顺的神态；另一方面则将矜持尊严、唯命是从的内心世界刻画得淋漓尽致。

朝政。若有人借您刚才之话，诬陷您有意拉拢人心，就无法说清楚了！"太子听了他的话后恍然大悟。

太子知道唐德宗是个多疑、暴躁、独断专行的人，还经常责罚臣子。如果这次没有王叔文的忠告，恐怕自己真的会惹来祸患。从此，李诵对王叔文更加敬重和信赖，东宫的大小事情几乎都请王叔文帮忙定夺。

804年，太子因患中风而不能说话。次年正月，唐德宗驾崩，太子即位，后称唐顺宗。顺宗因无法言语，不能会见外廷事务官，只得长日待在宫中，四周挂着帷幕，由嫔妃和宦官在身边侍奉，而朝政事务就交由王叔文来打理。因为王伾能在内宫自由出入，不受限制，于是由他负责传达圣旨。

王叔文将策略制定后，必须有人执行。因此，王叔文又推荐韦执谊为相，由韦执谊在中书省负责决策的执行。大臣报告事务都得先经韦执谊，然后经王叔文，又经王伾，再经宦官，最后到达顺宗那里。

此外，另有刘禹锡、柳宗元等人负责信息的收集整理，处理各种反馈建议，将其删繁就简，整合提炼。805年春，王叔文被正式任命为翰林学士，王伾为翰林待诏。很快，王伾也被提升为翰林学士。此间，王叔文还推荐好友凌准为翰林学士。至此，以唐顺宗为中心、翰林学士王叔文为主导的改革集团正式成立。

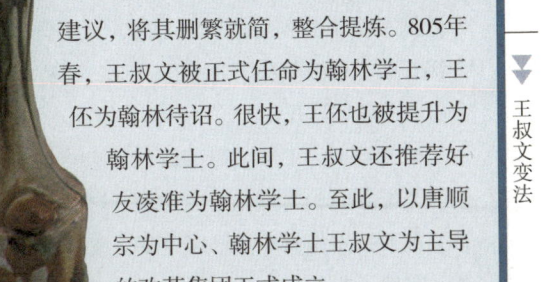

发动变法，改革失败

自此，王叔文集团着手实施改革。

首先，将财政大权收归中央。王叔文认为财赋是一国之本，朝廷只有掌握财权，才能牵制藩镇割据势力，强化中央集权。因此，王叔文将盐铁利权转归朝廷掌握。

其次，极力压制藩镇势力。安史之乱后，中央对地方的管理失控，逐渐形成藩镇割据的局面，各个藩镇据守一方，漠视朝廷，极其猖狂。在这种情况下，如何抑制藩镇势力，重建中央集权，成为必须正视的问题。

剑南西川节度使韦皋曾派属下来求见王叔文，要求增加辖区。王叔文断然回绝，甚至要杀掉这个属员来警示韦皋。后来，在韦执谊的极力阻止下，王叔文才没有将其正法。韦皋对此事耿耿于怀，私下里招兵买马，蓄意起兵夺地。

最后，解除宦官的兵权。这是瓦解和根除宦官势力的重要举措，也是永贞革新的核心所在，同时也是实施起来困难最大的一项措施。宦官因统领神策军，烜赫一时；他们还担当各地藩镇监军，在一定程度上掌握着地方兵权。因此，永贞革新的成败取决于能否削弱宦官势力，其中又以是否能解除宦官的兵权最为重要。

针对这种情况，王叔文先命右金吾卫大将军范希朝为右神策统军，接管宦官的兵权。可是因为神策军将领大多是宦官的心腹，因此当范希朝去接任时，他们坚决不肯交出兵权，变法派和宦官势力的矛盾公开化了。

恰逢此时，王叔文母亲因病辞世。按旧例，他应离职尽孝，为母亲守灵送葬。这样一来，王叔文离开决策指挥中心已成定局。王叔文心力交瘁，但他不想就此放手，还在做最后的努力。他在翰林院设宴，请诸学士及宦官俱文珍、刘光琦

▼（唐）鹅壶
唐三彩种类很多，一般可以分为动物、模型、生活用具和人物四大类，其中尤以动物居多。此鹅壶即为唐三彩的代表作，它造型生动逼真，色泽艳丽，富有生活气息。

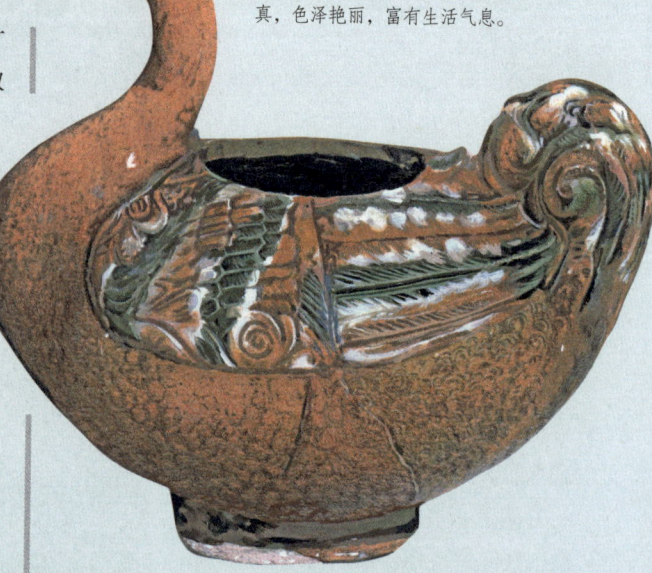

等饮酒。可是因为话不投机，饮酒不过几杯，众人便悻悻离去了。第二天，王叔文离职回乡。

王叔文一离开，革新派就失去了主导。韦执谊也明目张胆地与革新派决裂。当时，太子李纯还未即位，宦官势力就急不可耐地展开了对革新派的报复。

同年夏，王伾被贬为开州司马，王叔文被贬为渝州司户参军。三天后，李纯在宣政殿正式登基，即唐宪宗。后来，宦官势力又将韦执谊贬为崖州司马，王伾因重病缠身，不久就死在了贬谪之所。唐宪宗元和元年，宪宗下诏赐死王叔文。那一年，王叔文五十四岁。至此，永贞革新以失败告终。

虽然永贞革新最后失败了，但它在某种程度上反映了当时百姓的心愿和要求，具有一定的进步意义。王叔文与他所实施的永贞革新将永远载入史册。

唐纪 下

唐宪宗元和中兴

唐宪宗名李纯,他在位期间对政治黑暗、藩镇林立的动荡局势进行了大刀阔斧的改革,并取得了显著成效,使日渐衰败的大唐呈现出中兴气象,史称"元和中兴"。但宪宗统治后期,信任并重用宦官,也为唐末宦官专政局面的形成埋下了祸根。

重用人才,打击藩镇

唐宪宗是唐顺宗的长子。他七岁时,祖父德宗皇帝曾将他抱在膝上,问:"你是谁家的孩子,为什么在我怀里?"他回答说:"我是第三天子。"德宗对他的回答感到很惊异,由此非常宠爱他。

788年,李纯受封广陵郡王。805年4月,被立为太子,四个月后登基。

宪宗是一位奋发有为的皇帝,他即位后,励精图治,效法历代明君,积极治国理政。为了扭转当时朝廷势弱、藩镇势强的局势,他改变了过去朝廷对藩镇的姑息政策,重用人才,平定藩镇叛乱,终使"中外咸理,纪律再张",唐室出现了"中兴"的盛况。

806年,剑南西川节度使韦皋因病去世,他的属下刘辟自行接替节度使之职,并要求皇帝允许他兼任三川节度使。宪宗没有答应,刘辟就公然起兵,围攻东川,反抗朝令。宰相杜黄裳力主出兵

▲(唐)佚名《各国供养人》(局部)
此图是《维摩诘图》的一部分,描绘了维摩诘与文殊师利辩法之时,各国供养人皆往探视、恭敬礼佛的神情。供养人有昆仑奴、婆罗门、西域胡人等。他们戴不同的帽子,着式样、色泽各异的服饰。画家用细腻的画风,将浓郁的生活气息尽现于画面之上。

征伐叛军,宪宗采纳他的建议,马上命左神策行营节度使高崇文统率五千步骑为前军,神策京西行营兵马使李元奕率两千步骑为次军,连同山南西道节度使严砺一道征讨刘辟。不久,高崇文攻取成都,活捉刘辟,将其押往长安,并消灭了他的党羽。镇压刘辟之乱后,宰相杜黄裳入朝,宪宗对他说:"这都是你的功劳啊!"

807年夏,镇海节度使李锜怕朝廷猜疑他有犯上作乱之心,请求入朝为官。宪宗同意后下令征调李锜的军队,并封他为右仆射。但此后,李锜却总是谎称有病而迟迟不至。门下侍郎兼翰林学士武元衡提议削藩,强调不可以纵容藩镇,得到了宪宗的赞同。

同年秋天,宪宗下旨任命李锜为尚书左仆射,由御史大夫李元素接替李锜出任镇海节度使。李锜抗旨不遵,宪宗下令罢免李锜官职,委任淮南节度使王锷率军前去讨伐李锜。李锜溃败,并被押解回京城腰斩。

812年初秋,魏博节度使田季安辞世,按旧例,应由其子田怀谏袭位。是时,怀谏年仅十一岁,不能统军,军务由他的家僮蒋士则等人掌管。宪宗在与诸位宰相讨论魏博节度使之事后,打算让左龙武大将军薛平任郑滑节度使,以牵制魏博

唐纪 下·后梁纪·后唐纪·后晋纪·后汉纪·后周纪 ▶▶ 唐纪 下

▲（唐）四足提链铜香薰
唐时焚香之器。铜质，带盖，四足，附提链。造型古朴，大气稳重，为唐时新兴的式样。

方面的势力。此外，宰相李绛还提议利用藩镇之间的矛盾招抚魏博，也得到了宪宗的认可。

不久，蒋士则等人发动叛乱。军官田兴清晨入军府时，被数千名士兵团团围住，士兵们向他跪拜，恳请他担任节度使。田兴惊恐万分，不想接受，但见士兵久跪不走，便问他们："你们能听从我吗？"众人齐呼："唯命是从！"于是，田兴斩杀了蒋士则等十余人，将田怀谏迁到了外地。

接下来，魏博监军将这件事禀报给宪宗，宪宗立即任命田兴为魏博节度使。宰相李绛又提议说："若借此机会嘉赏魏博的士兵，一定能笼络军心。"宪宗采纳他的意见后马上派裴度到魏博，赐给当地将士五十万缗钱，并免去六州百姓一年的税赋。将士们受到恩赏，都欢呼雀跃，兴奋不已。从此，魏博归于朝廷统管。

后来，宪宗又委派别的将军到河北各地担任节度使，期望能够革旧图新，彻底削藩。但是，尽管宪宗竭尽全力，却依然没有消除河北诸镇藩帅世代传承的弊病。除此之外，宪宗征讨成德节度使王承宗之战也未获成功。原因归结为一点，就是当时尚不具备彻底削藩的客观条件，宪宗也无计可施。但是经过他的大力削藩，藩镇的势力在很大程度上得到抑制。

晚年昏聩，宠信宦官

由于连年征战，朝廷用尽了德宗以来储备的所有钱粮。基于此，唐宪宗任用李鄘掌管财政，可是李鄘却增加赋役名目和额度，大肆盘剥百姓。此外，宪宗削弱数藩后，居功自傲，穷奢极欲，大大加重了百姓的负担，致使流民遍布全国。

宪宗在位晚期与代宗一样，开始听信道士妖言。他为求长生不老，还专门求服"灵丹妙药"。

818年，宪宗下诏书寻求天下方士。宰相皇甫镈为巴结宪宗，投其所好，向他推举了一个名叫柳泌的江湖道人，专管炼制丹药。次年，宪宗开始服用所谓的长生不老药。其实这种丹药有毒，长期服用会导致慢性中毒，甚至死亡。

819年，宪宗体内积累的毒开始发作，他也因此变得烦躁不安，动不动就训斥甚至斩杀官员、侍臣。起居舍人裴潾就曾因上奏谴责柳泌等人，而被谪为江陵县令。从此以后，再也没有人敢上谏了，宪宗的身体状况也一日不如一日。

820年正月，宪宗卒于中和殿，时年四十三岁。宪宗虽大力削藩，却不彻底清除宦官势力，反而对宦官宠信有加，维持了宦官掌管神策军的局面。

唐宪宗在位期间，励精图治，与臣子上下一心，在削藩战争中取得了一定的成绩，创造出了中兴局面，重新树立起了大唐王朝的声威。尽管宪宗没有开创太宗和玄宗时代的升平盛世，但他的历史功绩同样有目共睹。

▼（唐）仕女壁画
唐时仕女脸部丰腴，长裙飘曳，仪态万千。

反佛文豪韩愈

韩愈，字退之，河南河阳（今河南孟州南）人，自谓郡望昌黎，世称韩昌黎。韩愈是唐代古文运动的领袖，主张继承先秦两汉的散文传统，破骈为散，增强文言文的表达功能，认为学古要在继承的基础上创新，"词必己出""陈言务去"，并提出"不平则鸣"的论点。时人称赞他的文章"如长江秋清，千里一道，冲飙激浪，瀚流不滞"。苏轼则赞他"文起八代之衰"。此外，韩愈还极力反佛，是唐朝尊儒反佛的标志性人物。

勤奋好学，提倡古文

韩愈自幼父母双亡，由哥哥韩会抚育成人。韩会在京为官，十分疼爱弟弟，不仅教他读书习字，还跟他讲为人之道。韩家世代都有人为官，藏书很多。韩愈初读《论语》《孟子》时，一遇到疑惑之处，就向哥哥求教。当读到《书经》《易经》的时候，他的疑问哥哥都不能解答了，他就开始向当地学者请教。后来，他还阅读了《老子》《庄子》《荀子》等先秦经典。

韩愈长大后，来到洛阳，并经常和友人聚会探讨文章。一次，韩愈直言不讳地说："读书如同品酒。好的文章会让人回味无穷，而质量低劣的文章，比如骈文，枯燥至极，读完让人心生烦闷。"他的朋友们问他："你觉得哪些作家的文章写得好呢？"他回答说："就先秦而言，自然是孟子和庄子。若说两汉，董仲舒当推第一，贾谊、扬雄也不错。这些人的文章不拘形式，词句很有感染力，主题深刻。"

韩愈大力鼓励人们学习先秦及两汉时期的散文，反对骈文，最终领导了"古文运动"，并在《答李翊书》一文中，提出了古文创作应"唯陈言之务去"的具体要求。他躬身践行，亲自创作的很多古文，比如《原毁》《进学解》《送李愿归盘谷序》《送孟东野序》《杂说》《祭十二郎文》《张中丞传后叙》等，都是名篇佳作。

韩愈是韩孟诗派的代表人物。在诗歌方面，他尊崇陈子昂、李白、杜甫。他的诗气势恢宏，才气飞扬，有的反映社会现实，有的描写中下层文人名士的坎坷仕途和个人遭遇，颇具特色。其代表作有《汴州乱》《八月十五夜赠张功曹》《山石》《左迁至蓝关示侄孙湘》《次潼关先寄张

◀（唐）壁绘菩萨说法坐像
此壁画所绘菩萨形象生动，仪态端庄，所用彩料很鲜丽，整体保存也较好，是一件很难得的壁画艺术品。

《十二阁老使君》《早春呈水部张十八员外》等。

为了纠正诗歌平泛、流俗的弊病，韩愈还探求诗歌发展的新途径。但遗憾的是，由于他在创作中刻意追求新奇险怪，反而破坏了诗歌的意境。不过从总体上来看，尽管韩愈的文学创作和指导思想存在瑕疵，但在他的倡导下，唐朝奢靡浮华的文风得以扭转，他的文学思想对后世文学理论的发展和文学作品的创作都产生了深远的影响。

反佛斗士，智平叛军

韩愈是一位儒学大师，一直致力于振兴儒学。唐宪宗年间，宪宗为了祈求福祉，命人把凤翔扶风法门寺的佛指舍利（即佛骨）迎进了宫里，敬奉了三天，后来又令长安所有的大佛寺轮番敬奉佛骨。于是，上自王公贵族，下至平民百姓，都竞相一睹佛骨风采，为此向寺里捐钱献物，很多人甚至倾其所有，败尽家业。韩愈得知此事后很气愤，立即向宪宗进奏《论佛骨表》。文中说："在古代，佛教还没有兴起，可是很多皇帝都能长寿。而自从汉明帝时佛教传入中国后，笃信佛教的皇帝反而早早去世，国家更是战祸连连。所以信仰佛教根本就没有任何实际的意义。"

这篇文章言辞激烈，宪宗看完火冒三丈，大怒道："大胆韩愈，我要斩了他！竟敢说信佛的皇帝都早死，这分明是在诅咒我！"裴度、崔群等人见宪宗怒不可遏，急忙替韩愈求情。于是宪宗免韩愈一死，将他贬为潮州刺史。

唐宪宗驾崩后，唐穆宗继位，韩愈被调回长安，历任国子祭酒、兵部侍郎、吏部侍郎、京兆尹等职。韩愈为兵部侍郎时，镇州（位于今河北）发生叛乱。成德军节度使田弘正被下属杀害，反臣王廷凑自封为"节度使"。唐穆宗为此发兵讨伐，可官军不但没能收复镇州，大将牛元翼率领的军队反遭叛军围困。此时，朝廷无法增派兵力，无奈之下，只得答应让王廷凑任节度使，另外还准备派遣一名大臣前去请求王廷凑撤销对官军的围困。

韩愈主动请命，前去说服王廷凑。他抵达叛军军营后，镇定地走进营帐里，一边喝茶，一边盯着王廷凑，一句话也不说。后来，王廷凑先开口道："韩大人，镇州叛乱之事，都是下属所为，并

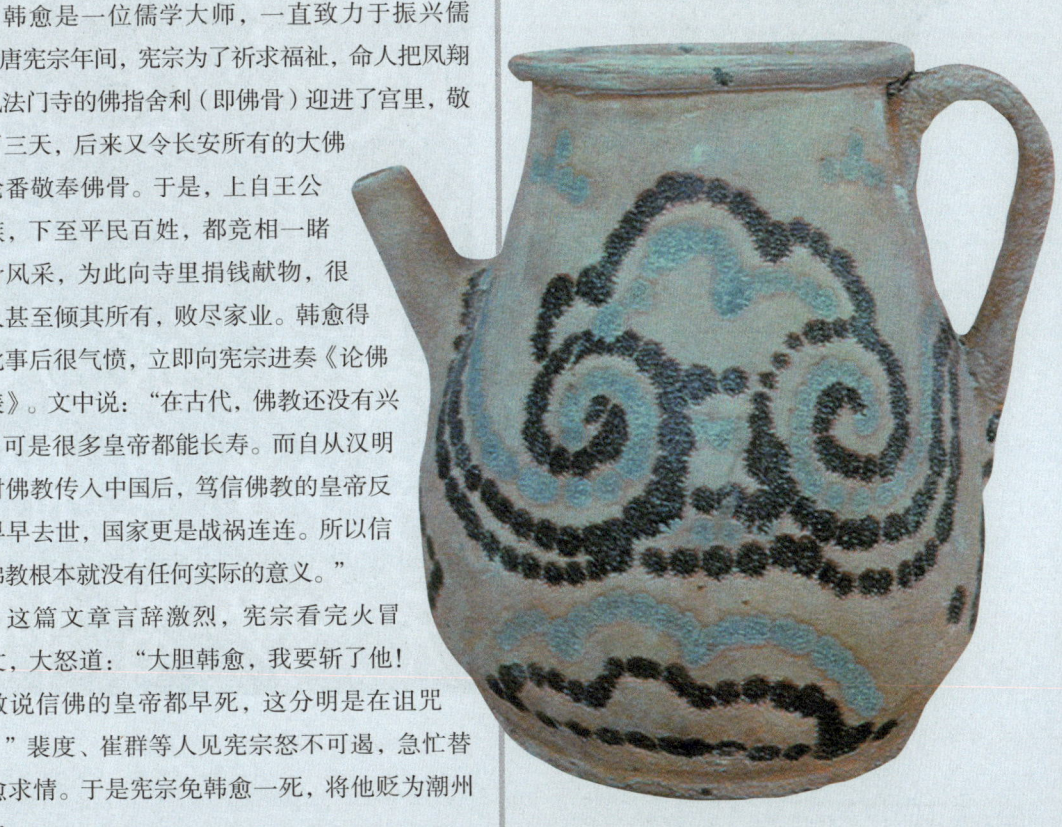

▲（唐）青釉褐绿彩云纹壶
该器为长沙窑典型器物，腹大口小，器身绘波涛及云纹线条，自然流畅，十分精美。

唐纪 下

示接受朝廷指令。于是，韩愈凭借过人的勇气和谋略，出色地完成了任务。

824年，韩愈因病在长安去世。他一生在政治、文学方面都有建树，而主要成就还是体现在文学方面。后世对他赞誉极高，奉他为"唐宋八大家"之首。杜牧甚至将他的文章与杜甫的诗并称为"杜诗韩笔"，苏轼也称其"文起八代之衰"。

▲（唐）贵妇坐俑
贵妇坐俑以褐色为主调，间以绿釉、黄釉等，显得素雅高贵，纹饰开片细密。女俑身穿花纹衫，满饰宝相花纹，仪态大方。

▲（唐）柳公权《玄秘塔碑》拓本（局部）
《玄秘塔碑》全称《唐故左街僧录内供奉三教谈论引驾大德安国寺上座赐紫大达法师玄秘塔碑铭并序》，又称《大达法师玄秘塔碑》。《玄秘塔碑》是柳公权书法艺术的巅峰之作，是我国书法领域流传最广的楷书碑帖。其"体势劲媚"的风格，世称"柳体"，也是人们学习和研究中国书法必备必临的碑帖之一。

不是我的主意。""既是如此，现在朝廷已经封你做节度使，你为什么还围困牛元翼将军呢？"韩愈严厉地说。几番争论后，王廷凑无言以对，最后表

散文大家柳宗元

柳宗元，字子厚，河东解县（今山西运城西南）人，世称柳河东，唐代杰出的文学家、哲学家，唐宋八大家之一，与韩愈并称"韩柳"，共同倡导唐代古文运动。柳宗元文学成就极高，可谓诗文并举。他在创作实践中身体力行，创作了许多技巧纯熟、语言精练生动的优秀散文，是我国历史上的杰出散文家之一。

志向远大，参与变革

柳宗元的祖上世代为官，可惜后来家族没落了，他的祖父和父亲都曾担任过县令之类的小官。柳宗元从小跟随父亲去过很多地方，饱尝了战乱之苦，因此在兵荒马乱的年代，他勤奋读书，立志在将来要有番大的作为。

793年，柳宗元中进士。798年，又中科举博学鸿词科，被授予集贤殿书院正字之职。与韩愈相比，柳宗元最初的为官之路比较平坦，可他抱负远大，并没有自满。

在后来的几年里，柳宗元的父亲、妻子相继去世，加上淮西之乱、陆贽被贬，家事、国事都令他忧心忡忡。

801年，柳宗元改任蓝田尉。他在职期间，常因抱负不能施展而忧郁苦闷，对现实极其失望。柳宗元虽较早中举，但为官却不顺心，官场上复杂的人际关系常常令他无所适从，苦恼万分。

803年，柳宗元入朝做官，他不仅与同在朝廷任官的韩愈、刘禹锡等结识，还结交了王叔文。805年正月，唐顺宗继位后，王叔文开始实施变革，柳宗元出任礼部员外郎，也参加了改革。这时的柳宗元踌躇满志，不仅对前途充满信心，对自己的时运更是深感惬意。

可世事难料，正当柳宗元准备大展身手时，这次改革却因遭到宦官和旧官僚的打击，很快就失败了。唐宪宗即位后，柳宗元更是数次被贬，最初被贬为邵州刺史，还没等上任，就被加贬为永州司马。如此遭遇完全在柳宗元的意料之外，对他打击甚大。

被贬谪以后，柳宗元的生活环境很艰苦，于是他决心专心著述，不再对从政之路寄予希望。他一边读书，一边写作，在写作的同时，他开始思索为文之道。

柳宗元被贬之前，虽为文已久，却没有全身心投入，因为他一心想在政界有所作为，并不想通过文章赢得名声。他被贬官之后，深感仕途艰难，就想用文章宣扬道德，教化民众。

815年，柳宗元被召回国都，可没多久又被调任为柳州刺史。柳宗元虽然被调任，但官职升高了，他得以在职责之内做些可行之事。他任职期间，曾下令更改陈腐乡俗，还兴修水利，鼓励农桑，大大促进了当地经济的发展。

819年秋，柳宗元病逝，终年四十六岁。

多产文人，名扬后世

柳宗元一生著述颇丰。他不但写有散文、游记、诗歌、寓言，还写有哲学著作。其中，尤以散文的成就最高。

柳宗元与韩愈都很有名望，二人与宋代的欧阳修、苏轼等合称"唐宋八大家"，是我国文学史上十分著名的散文大家。唐朝中期，柳宗元和韩愈共同倡导了古文运动，提出了一系列的文学理

▲ 柳宗元衣冠冢

柳宗元衣冠冢位于广西柳州柳侯公园内。柳宗元曾任柳州刺史，柳州是其最后居留地。纪念柳宗元的柳侯祠、柳侯衣冠冢及历代碑文石刻至今保存完好。

论和文学改革主张。在文章内容上，他们反对内容空洞、浮泛的骈文，强调文章要反映社会现实，富有针砭时弊的批判精神；在文章形式上，他们主张改革文体，冲破骈文约束，不限制句式长短，同时主张革新文章语言。另外，他们还提出了先"立行"后"立言"的文学主张，具有一定的进步性。韩柳二人躬身实践，创作了大量内容多样、手法娴熟、语言简洁生动的散文名篇。韩柳领导的古文运动在文学史上产生了很大的影响。

《永州八记》是柳宗元最脍炙人口的文章，堪称我国古代山水游记的典范之作。这些优秀的山水游记，细腻地传达了作者对自然的感受，开辟了古典散文反映现实生活的新途径，开创并确立了山水游记作为独立的文学体裁在文学史上的地位。《永州八记》艺术成就极高，千古流传，备受人们推崇。

不仅如此，柳宗元还创作了许多寓言诗和寓言故事，其中最著名的有《黔之驴》《永某氏之鼠》等。虽然有些寓言篇幅短小，但也取得了跟他的山水游记相同的成就，受到后人的重视。

柳宗元不仅是杰出的文学家，还是伟大的思想家。《非国语》《贞符》《时令论》《断刑论》《天说》《天对》等，是柳宗元哲学著作中的名篇。在这些论著中，柳宗元否定了汉代大儒董仲舒宣扬的天命说，批评了他欺瞒后人的可恶行为。

柳宗元反对天命说，批驳神学，注重人的主观能动性，他提出要用"人"取代"神"，这在封建迷信思想占主导地位的古代社会，是极其可贵的。柳宗元去世时年仅四十六岁，但他却留给后人一笔宝贵的精神财富。他存世的诗文作品达六百余篇，这些作品具有极高的艺术成就。

中唐重臣裴度

唐纪 下

裴度，字中立，河东闻喜（今山西闻喜东北）人，唐代中期著名政治家。他善于策划用兵，为相期间，平定淮西节度使叛乱，压制宦官专权，为整肃朝纲、重树朝廷威严做出了重大贡献，史书赞他"以人臣事君，唯忠与义，大则以讦谟排祸难，小则以谠正匡过失，内不虑身计，外不恤人言""威誉德业比郭汾阳（郭子仪）"。

六朝元老，平定淮西

裴度是历仕德宗、顺宗、宪宗、穆宗、敬宗、文宗六朝的元老。他为将相二十余年，赢得了世人的景仰，时人每论及将相，都推裴度为首。

宪宗即位后，着手大力削藩。814年，淮西节度使吴少阳死，其子吴元济隐匿不报，擅自掌管军权，并兴兵四处劫掠。第二年，宪宗下旨削去吴元济爵位，并发兵前去讨伐，但因将帅昏庸腐朽，出师不利。

815年夏，因征讨淮西军久战无功，裴度奉命前去察看军情。回朝后，他将淮西军情细致地报告给宪宗，并推举忠武节度使李光颜为将帅。宪宗派李光颜率军前去讨伐，不出所料，李光颜很快就大败淮西军，淮西军不得不退守蔡州。捷报传来，宪宗对裴度连连称赞。

此后，宪宗愈发重视裴度，不久便提拔他为宰相。在处置藩镇一事上，裴度力主平定淮西。他劝谏宪宗道："淮西是心腹大患，一定要铲除。况且朝廷已经讨伐淮西了，河南、河北的藩镇势力都想根据此战胜负来决定对朝廷的态度，因此对淮西的讨伐绝不可以停止。"宪宗很认同他的

▲（唐）弹琵琶侍女骑马俑
侍女骑马上，浅笑弯眉，右手握琵琶，左手抚弦，怡然自得。

看法。为平定吴元济，裴度恳请宪宗同意他在家中广招贤良。宪宗答应了，而之前的历任宰相是

不可以在家中擅自会见门客的。

816年夏，蔡州行营唐邓节度使高霞寓征讨淮西军时，因遭突袭而兵败，仅他一人逃脱回营。这次兵败使朝廷内外慌作一团，朝中多数大臣都主张休战，赦免淮西军。但宪宗削藩之意已决，表示不能因某个将领失利就终止既定计划。从814年开始，朝廷派兵征讨淮西已长达四年，钱粮消耗甚多，官军和淮西军依然相持不下。宪宗先任严绶统领征伐大军。严绶上任后，很快将官军囤积数年的钱粮挥霍殆尽。他还买通宦官，让他们替自己请求宪宗派兵增援，可是最终他手握重兵也未建功勋。

之后，宪宗任命韩弘为淮西诸军都统。韩弘却安于现状，试图依靠吴元济的力量来抬高自己的地位，不想迅速平定淮西。所以，朝廷虽连年用兵，却仍然没有平定淮西，宪宗对此十分不解。

这时，宰相李逢吉等人以伤财、劳师为由进谏，劝宪宗罢兵休战，唯有裴度一言不发。宪宗询问他的想法，裴度便剖析了淮西的局势，指出久战而不能平定的原因是军心不齐，上下不能团结一心，且主将能力平庸，指挥不力。

817年秋，裴度奉命前往淮西督战。裴度抵达淮西后，立即在军营传达旨意，大大振奋了士气。当时各军设有中使监军，可是中使监军在交战时却不指挥士兵作战。战争取胜，中使监军出来领功，一旦战败，罪责便由士兵承担，这样一来便严重挫伤了士兵的积极性。基于此，裴度取消了中使监军，将兵权归于将帅，这大大地激发了士兵的积极性。所以在接下来的战役中，官军连连取胜。后来，裴度遣使臣到蔡州劝吴元济投降，吴元济没有接受。不久，在裴度领导下，唐邓节度使李愬在风雪交加之夜突袭蔡州，大败叛军，俘虏了吴元济。

裴度入蔡州后，对吴元济部将根据罪责大小

▲（唐）章怀太子墓室壁画《女侍·观鸟扑蝉》
此画描绘三名宫女在深庭大院内百无聊赖、无所事事进行游戏活动的情景。寂寞苦闷的幽怨之情，在举手投足之间尽显无遗。

分别判刑，并抚恤当地百姓。三个月后，宪宗下达诛杀吴元济的诏令，淮西之乱最终得以平定。

裴度平定淮西回到朝廷后，宪宗晋升了他的官阶爵位，赐上柱国，封晋国公。

宦官当道，隐居避祸

裴度任相时，敢于犯颜直谏，竭力制止宦官越权干涉政治，捍卫了宰相及朝中大臣的政治权力，保证了政府机关职能的发挥。他秉性耿直，痛斥宦官专权，多次冒犯对宦官宠信有加的宪宗。终于，819年，他因惹恼宪宗遭受贬谪。

宪宗驾崩后，裴度又曾在穆宗、敬宗、文宗三朝为官，在当时享有"勋高中夏，声播外夷"的美誉，但因为当时宦官专权，政治黑暗，他虽有治国才略，却得不到皇帝的重用，所以，他在为官后期，并无太多勋绩。后来，他遭宦官暗算，隐居东都洛阳，整日与白居易、刘禹锡酣宴从游，吟诗作对，徜徉于丝竹声中，不再过问时事。

839年，裴度因病卒于洛阳。

唐纪 下

悲情皇帝唐文宗

唐文宗名李昂，原名李涵，是在宦官的拥戴下继位称帝的。文宗统治期间，勤于政事，厉行节约。他虽有当明君的抱负，却缺少治国的才能，不仅被宦官掌控，还被朋党掣肘，加之当时诸藩镇势力日盛，因此最终一事无成，抑郁而终。

宦官争斗，被扶上位

唐文宗是唐穆宗的次子、唐敬宗的弟弟。当年，宦官刘克明谋弑敬宗后，矫诏立宪宗之子绛王李悟为帝，举朝上下没有人反对。但刘克明还不满足，又打算将各宦官手中的权力夺取过来，进而统揽大权。王守澄在宦官中势力最大，且手握重兵，他见刘克明贪婪无度，也想专权，因此勃然大怒，和另外几人合谋调用禁军，拥戴穆宗次子江王李涵为帝，连重臣裴度对此也十分支持。于是，王守澄先命禁军杀死了刘克明等人，继而立江王为帝，即唐文宗。文宗后更名为李昂。

826年，文宗正式即位。不久，他晋封母亲萧氏为皇太后。文宗想重用母族的人，但母后萧氏家乡在福建，父母早已过世，家中仅剩一个弟弟，也断了音信。于是，文宗下诏派福建官员到各处走访寻找。可是很多人为了高攀皇室，自称国舅，后经查实，都是冒充的，真国舅还是没有下落。

当时，被尊奉为太后的萧氏、文宗祖母懿安太皇太后和敬宗之母宝历皇太后，分别居住在大内、兴庆宫、义安殿，大臣称她们为"三宫太后"。文宗对她们十分孝顺，每隔几天就进宫请

▼（唐）章怀太子墓壁画（局部）
章怀太子墓是章怀太子李贤与其妃房氏的合葬墓，位于陕西乾县。墓由墓道、过洞、天井、甬道、前室和后室组成，地下结构全长71米。墓内有壁画多种。

▲（唐）黄地簇四连珠对羊纹锦
青海都兰热水唐代墓葬出土。从风格来看，应是从西域传入吐谷浑地区的丝织品。

安，遇到重要节日也会前来拜见。文宗即位前，曾得到祖母太皇太后郭氏的支持，因此文宗对她的照顾更是周到。众大臣也经常到兴庆宫拜见。

831年，经宰相提议，文宗对太皇太后与宝历皇太后的称呼进行了区分。因宝历太后居住在义安殿，故以宫名称她为"义安太后"。开成年间的元宵节，文宗率群臣、妃嫔、子女等到咸泰殿高挂灯笼，并接来三宫太后，一起摆宴庆祝。

勤勉听政，生活节俭

文宗的一举一动，颇有一代明君之风度。敬宗执政时，常常连续数天不坐朝，而文宗却勤于政事，单日必上朝听政。每次上朝理政时，各类时事他都会问及，上至财政储备下至官员选拔，大到灾区情状小到农田开垦，各项政策从制定到贯彻执行，他都要细致地与朝臣商讨，所以他每次上朝的时间都很长。文宗为了不耽误单日的上朝议政，还提议把不少节日庆典都安排在双日进行。

另外，文宗还鼓励谏官进谏。可是谏官上奏章前，需要到各部请印，这使得奏事泄露的事情时有发生。针对这种情况，835年冬，文宗专门下诏刻制谏院之印。

在生活上，文宗崇尚节俭，力避奢靡。他即位后，曾下诏释放奴婢；除正常进贡外，禁令各地向朝廷进献珍异难得之物；把五坊所饲养的鹰犬猎物全部释放，取消游猎之事。

在膳食上，文宗一向食不累味。特别是每当各地有灾情时，他就将膳食标准降低。就算是在他生日的那天，他也不许宰牛杀猪，只准食用素食，还禁止在宫中大摆宴席为他贺寿。

在穿着上，文宗提倡衣不重彩。一位驸马就曾因佩戴了一条奢华的头巾而遭到文宗的严厉责备。还有一位公主，她在出席宴会时穿得雍容华贵，文宗为惩罚她，下诏停止发放驸马两个月的俸禄。曾有官员穿着一件桂管布料制成的粗陋衣服参见文宗，这种出自桂州的桂管布是一种质感厚重的木棉布，与罗绮相差甚远。文宗见此人穿着这么简朴，便认定他是个清正廉明的好官。后来，他也命人为自己做了一套用桂管布料做的衣服。群臣见皇帝这么做，也都纷纷效仿，一时间，市面上的桂管布大幅涨价。

其实，文宗的穿着一向简朴。一次，他对一位大臣说："我穿的这件衣服已经洗过三次了。"文宗能躬行节俭，举朝上下都对他赞不绝口，只有翰林学士兼侍书柳公权觉得，一代君王应致力于任人唯贤，知人善任，治理国家，富国安民，而身穿洗过数次的旧衣，仅仅是生活小节。当然，文宗居帝王之位而能够勤俭，尤为可贵，史书称赞他"恭俭儒雅，出于自然"。

文宗从不贪图享乐，不沉迷酒色，他除听朝理政以外，还用不少时间来读书。文宗曾对左右大臣说："如果在初更时不能处理政事，二更时不能博览群书，是不能做君主的。"所以，他每次处理完政事以后，便开始读书。

文宗博学多闻。他经常以书中的名物制度、诗赋文章来考问大臣，而众大臣经常回答不出来。文宗不仅爱读古书，对同时代文人的文章也十分关注。

一次，他在花园赏花，突然问侍臣："如今京城流行以牡丹入诗，谁写的诗最好呢？"侍臣回答道："最有名的是刘禹锡的'唯有牡丹真国色，花开时节动京城'。另外，朝中中书舍人李正封的'国色朝酣酒，天香夜染衣'也脍炙人口。"文宗听后，对他们顿生仰慕之情。

839年的一天，文宗在退朝后问学士周墀："以你之见，我是怎样的君主？"周墀慎言慎语

唐纪 下·后梁纪·后唐纪·后晋纪·后汉纪·后周纪 ▶▶ **唐纪 下**

地说:"我不敢妄加评论,但天下百姓都说您是贤明的君主。"文宗无奈地笑了一下,说:"我心里明白,我与明君相去甚远,那么跟汉献帝相比怎么样呢?"周墀大惊,跪拜在地,说:"您的才德,就连汉文帝与汉景帝也不可比,怎可自比汉献帝呢?"文宗说:"汉献帝只是为强臣压制而已,而我却被家奴(宦官)牵制,我觉得自己比不上他啊。"说完,不免一阵感伤。当时宦官把持朝政,皇帝大权旁落,文宗最终因无法挣脱宦官的掌控而抑郁成疾。

840年春,文宗病逝,终年三十一岁。

▶ (唐)敦煌第三十九窟西壁龛内南侧飞天
敦煌飞天的风格特征是不长翅膀,不生羽毛,借助云彩却不依靠云彩,凭借飘曳的衣裙、飞舞的彩带凌空翱翔,姿态万千。唐代飞天的塑造达到形象美的高峰,这些唐装飞天可称为"天女散花",周围全是洒下的莲花和花瓣。飞天头戴华冠,披洒花长带,左手托莲花,右手持莲花并高举过头,线条柔和,舞姿优美。

悲情皇帝唐文宗

〇八五

唐纪 下

甘露之变

唐末宦官专权，干涉朝政，国家危机重重，矛盾尖锐。宦官不仅掌握朝臣的任免，还控制着皇帝的废立。为了挣脱宦官的操控，稳定统治，加强中央集权，835年，唐文宗开始打击宦官，最终引发了"甘露之变"。

宦官专权，文宗反击

唐朝自宪宗以后，历代皇帝中只有唐敬宗是以太子身份即位，其余的都是被宦官拥戴登基。这些皇帝大多形同傀儡，只能任由宦官把持朝政，一手遮天。

唐文宗也是在宦官的支持下登基的，但他不甘心受制于宦官，打算予以反击。827年，文宗将所有由宦官引荐的道士和歌舞艺人一律流放到岭南。829年，文宗下诏，令凤翔（今陕西西部、甘肃东部）、淮南（今安徽寿县）官员将以前选入宫室的女乐人通通遣送回原籍。他还释放宫女三千人，裁减教坊乐工、内监等一千人，并取消打猎之事，将专供打猎的五坊飞禽全部放掉。此外，他还严禁各地进献奇珍异宝、绫罗绸缎等。唐文宗的这些举措，是对宦官企图让帝王在声色犬马的生活里消磨意志的一种反击。

紧接着，文宗通过科举考试大力选拔人才，旨在改变宦官专权的政治局面。大和二年，唐文宗诏令进行"直言极谏科"的考试。举人刘蕡的《直言极谏策》对唐中期宦官专权的黑暗政治给予了揭露和抨击。刘蕡在揭露宦官专权的现实时说："以亵近五六人总天下大政……群臣莫敢指其状，天子不得制其心。"即宦官独揽朝政，群臣和皇帝都无力扭转局势。刘蕡还提出对付宦官的方法，他认为朝廷应强迫社会上的游手好闲之辈从事农业生产，这样既有益于社会治安，又能增加赋税。刘蕡的文章针砭时弊，一针见血，颇有见解。但主考官因怕触犯宦官，而没有选录他；文宗也因怕损害自己的利益，对此未加干涉。

830年，文宗提拔宋申锡为宰相，想通过他清除宦官势力。宋申锡曾任朝廷监察御史、礼部员外郎、翰林学士等官职，才华横溢，以清明廉洁、不结党营私而闻名。文宗在宦官干政、朋党构奸的局势下任宋申锡为相，具有振奋人心的作用。但文宗的这一举措，也使得宦官们开始有所戒备。此外，宋申锡在筹划清除宦官势力时，因走漏了风声，致使宦官先下手为强，以谋反罪诬陷宋

▲（唐）黄釉陶立俑

俑头梳高髻，身穿长袍，双目微睁，双手上下相抱，举于胸前。其表情肃穆坦然。除头部和双脚外，全身施棕黄釉。

申锡。831年，宋申锡被贬谪，就这样，打击宦官势力的首次计划破产了。

密谋泄露，事变失败

自宋申锡之事后，宦官王守澄为防止再发生此类事情，开始派人密切监视文宗的一举一动。

834年，王守澄举荐郑注为御医，专门给文宗看病，又举荐亲信李训给文宗讲解《易经》。自此，这两个人成了文宗的随身侍臣，文宗的任何言行举止都在他们的严密监视下。文宗知道王守澄安排他们是为了监视自己，就变被动为主动，赐给这两人高官厚禄，最终使他们为己所用。文宗先任命郑注为太仆卿，李训为翰林侍讲学士，第二年后又提拔李训为宰相，郑注为凤翔节度使，让他们里应外合，给宦官势力以致命打击。通过和他们两人合作，文宗相继除掉了宦官杨承和和王守澄等人。

文宗深知，要想将宦官势力全部铲除，必须夺取军权。于是李训举荐户部尚书王璠任太原节度使、大理卿郭行余任邠宁节度使，试图让两人在上任前与御史中丞李孝本等人协力消灭祸害，彻底清除宦官势力。

835年，大将韩约在早朝时禀告说皇宫庭院里的石榴树上夜降甘露。宰相李训趁机说这是吉兆，表明上天要降祥瑞给大唐，并建议皇帝亲自去拜谢天旨，为国祈福。文宗命群臣先去观看，自己在含元殿等候消息，随即又命神策军左右护军中尉宦官仇士良、鱼志弘等人带领所有的宦官一同前去看个究竟，迅速回来报告，再决定是否前去拜天。仇士良等人到达庭院后，见韩约神色慌张，又察觉到周围有伏兵，纷纷仓皇而逃。铲除宦官的行动在最后一刻功亏一篑。

这些宦官逃出后，立即强行将文宗带回宫内。李训等人立即上殿护驾，与宦官厮杀。李训等人奋力相拼，诛杀数十个宦官。但因宦官人多势众，文宗最终被威逼进入宣政门。接着，宦官立即紧闭宫门，朝臣接连散去，李训也逃难去了。

宦官逼迫文宗进入内宫后，立即率神策军握刀而出，见人就杀。继而又将城门关闭，在城内大肆搜寻，又杀死千余人。很快，所有参与此事的官员都被诛杀。此事件史称"甘露之变"。事变发生时，郑注正率军奔赴长安，途中得知局面已被宦官控制后，立刻返回凤翔，后来也被杀死。至此，甘露之变以宦官的胜利结束了。

甘露之变后，因不少官员被杀，朝廷出现了职位空缺的情况，导致政治更加昏暗，宦官愈发嚣张。

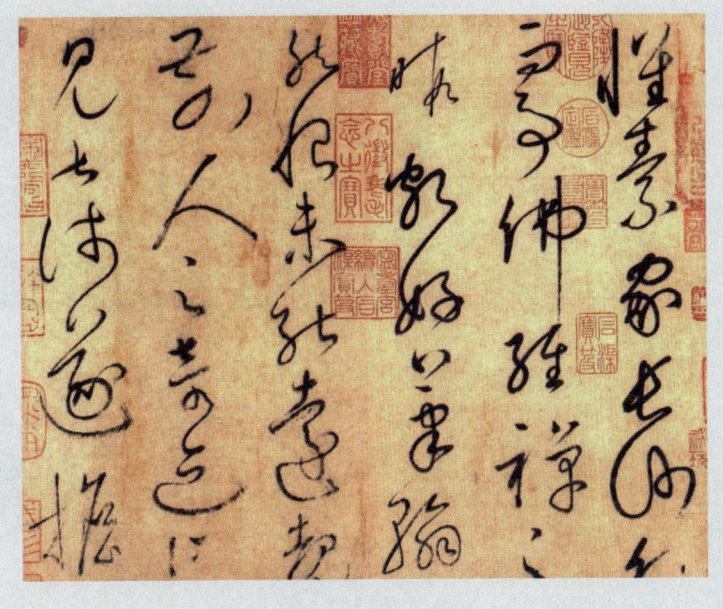

▲（唐）张旭《古诗四帖》（局部）
全篇笔画圆满，丝毫不显瘦弱虚浮。行文笔势纵横，动静结合，笔画缭绕牵涉，宛若漫天浮云，堪称草书的典范之作。

唐纪 下

"万古良相"李德裕

李德裕，字文饶，赵郡赞皇（今河北赞皇）人，唐末杰出的政治家，有"万古良相"之美誉。李德裕历任翰林学士、浙西观察使、剑南西川节度使、兵部尚书、检校尚书左仆射，并在文宗和武宗在住时两度为相，任职期间积极进取，革除旧弊，选贤任能，政绩卓著，使晚唐内忧外患的局势得到暂时的缓解。但令人叹惋的是，这位一代名相最终却因朋党之争而"功成北阙，骨葬南溟"。

出身名门，才学渊博

李德裕出生于官宦之家，乃名门之后，祖父李栖筠曾受封御史大夫，父亲李吉甫曾两任宰相。李德裕自小就胸怀大志，勤奋好学，通读经典。一次，宰相武元衡问他平时爱读哪些书，他缄口不答。父亲李吉甫听说后，用责备的语气问他为何不回答，他说："武公身为一国之相，不关心国事，反而关心我喜欢什么书，问得不恰当，理应不回答。"李吉甫听了他的话，感到很惊讶。

李德裕虽然文才卓越，却不愿参加科考。他的父亲劝他参加进士考试，他却推托道："好骡马不入行。"后来他以父荫做了校书郎。当时他的父亲任宰相，为了避讳闲言碎语，李德裕只在各藩镇任幕僚。

816年，张弘靖被罢免宰相之职，出任河东节度使，便提拔李德裕做他的掌书记。过了三年，李德裕跟随张弘靖回朝，任监察御史之职。

820年，唐穆宗即位后，李德裕应诏入翰林院。这时期，朝廷的各类诏书以及记录典章制度

▲李德裕像
李德裕（787~850）在唐文宗太和七年（833）和唐武宗开成五年（840）两度为相。他主政期间，重视边防，力主削弱藩镇，巩固中央集权，使晚唐内忧外患的局面得到暂时的安定。

的册子，都是他起草的。李德裕在思政殿召对时，获得穆宗赏识，被赐予紫衣、金鱼袋。不久，他被调职任屯田员外郎。

唐穆宗软弱无能，昏庸腐朽，致使外戚专权，干预国政。821年，李德裕上奏："本朝禁止驸马与朝廷重臣有交往，特别是在玄宗时曾厉行。而现在，驸马常常与宰相私自会面，这不免会泄露国家机密，危害社稷。恳请陛下下诏给众朝

臣及驸马诸亲，严禁他们私自见面，若有公事，应到中书省与宰相会面。"李德裕的奏章直指朝政弊病，穆宗阅后，对他大加褒扬。

822年春天，李德裕被擢升为中书舍人，仍充任翰林学士。此时，钱徽受命主持贡举考试，中书舍人李宗闵背后请钱徽在主考时提携自己的姑爷苏巢。剑南西川节度使段文昌得知此事后，检举了他们。穆宗查问众学士情况是否属实，李德裕等人说："确实有这回事。"于是，穆宗下令重新考试。钱徽和李宗闵均遭贬职流放。

实际上，早在元和初年，牛僧孺、李宗闵在对策时因讽刺时政，已经与李德裕父子结怨，至此，双方仇怨更深了。当时李德裕已小有名气，他与牛僧孺都想出任宰相。但李德裕因被宰相李逢吉憎恶，于这年秋天被改任为浙西观察使。与此同时，李逢吉还大力举荐牛僧孺为相。

840年，唐武宗即位。同年秋，提拔淮南节度使李德裕为相。文宗驾崩后，宰相杨嗣复、李珏奉文宗遗诏，准备立敬宗之子陈王为太子，但宦官仇士良假传圣旨立武宗为帝，并在武宗面前诬陷杨嗣复、李珏等，所以武宗即位后将杨、李一干人等罢官出朝。

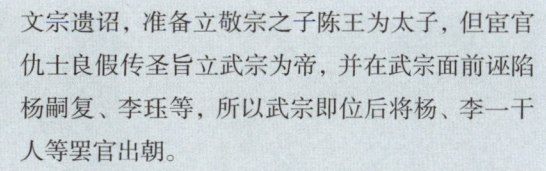

841年春天，武宗准备斩杀杨嗣复和李珏。李德裕以为，武宗即位之初就斩杀大臣，会引起朝臣的恐慌，虽然他们两人与李德裕针锋相对，但李德裕还是从整体利益出发，将私人恩怨放置一旁。他多次奏明自己与他们两人并非私交，这样做都是为了朝廷的安危考虑。经李德裕等人数次劝谏，武宗最终宽赦了杨嗣复和李珏。

安边除患，功绩卓著

开成年间，回鹘被外族打败后，部众四散。后来，回鹘中的一支脱离了回鹘乌介可汗的统治，投靠了天德军，希望依附唐朝。天德军统帅田牟急功近利，打算趁机发兵攻打他们，群臣也赞同此举，唯有李德裕坚决反对。他认为回鹘曾协助唐朝平定安史之乱，这次他们归附，军纪严明，没有侵扰百姓，应该安抚他们。若率军攻打，一来天德军兵力不足，一旦失利，定会丢城失地；二来对方诚心归附，若是用兵，恐怕他们会打消归附之念，甚至会滋扰边境。但是如果他们在边境滋事，则调集兵马进行讨伐。朝廷采纳了李德裕的建议，赐给回鹘两万斛粮食。

842年，回鹘乌介可汗竟然公开向唐朝索求粮食和牲畜，并要求唐朝廷遣送已归附的部

◀ (唐)花鸟纹鎏金三足银樽
1989年出土于陕西西安东郊第六十五号唐墓。小直口，短颈，广肩，鼓腹，圜底，中腹部附加三只蹄状足。带盖，盖覆杯形，盖顶有蘑菇形小钮。整个樽体皆以密布的珠点纹为地纹，并被三组由四个心形团花图案组成的纹饰分为三大块。每块中以一足为中心，足上枯树枝上落有一对鸳鸯，前者顾首回望，后者展翅欲飞，生动形象，可爱逼真。

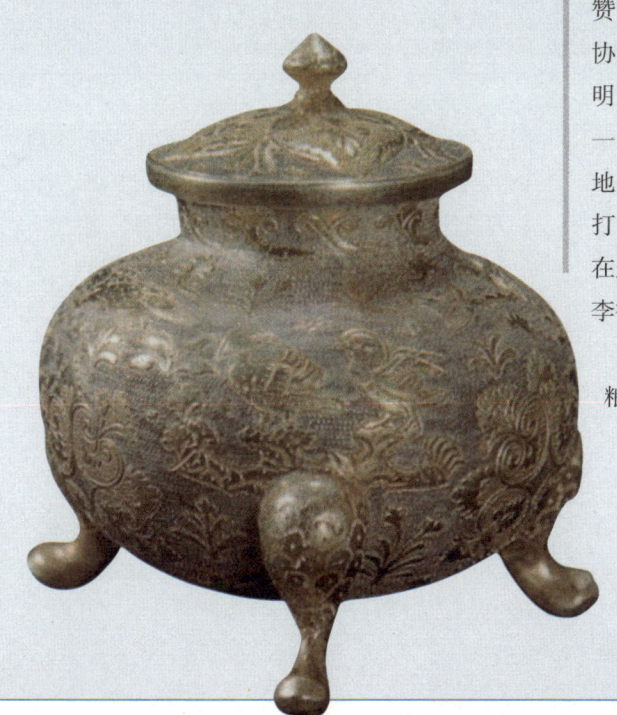

▲（唐）景教壁画

新疆吐鲁番高昌故城壁画。该壁画表现了"圣枝节"人们欢迎基督进入耶路撒冷的情景，是研究高昌景教的宝贵资料。

落，武宗断然回绝。自此以后，乌介可汗无视唐朝警告，经常出兵滋扰边境。当年秋，回鹘军队又翻过杷头峰（今内蒙古包头附近）侵犯大同等地。牛僧孺等提议"固守关防，伺其可击则用兵"。李德裕经过深思熟虑后说："以回鹘所恃者嗢没、赤心耳，今已离散，其强弱之势可见。戎人犷悍，不顾成败，以失二将，乘忿入侵，出师急击，破之必矣。守险示弱，虏无由退。击之为便。"最终，武宗采纳李德裕的建议。于是朝廷征集各路兵马，分别任命刘沔、张仲武、李思忠为回鹘南面招讨使、东面招讨使、西面招讨使，各部在太原会合。

843年正月，乌介可汗率军进犯振武，李德裕为刘沔拟定了一套切实可行的反击方案。刘沔严格按照李德裕的战略计划行事，让部将率三千骑兵为先锋，自己率大军殿后。先锋军到达振武后，趁夜挖地道出城，偷袭乌介可汗的军营，攻其不备。乌介可汗一时难以应付，加上不幸负伤，只得率百余骑狼狈逃走，回鹘兵遂因群龙无首而大乱。刘沔率军到达后，轻而易举就将对方击败，并俘获了两万多人。

这次反击回鹘的战争以胜利告终，它保证了大唐北部边疆的安宁，铲除了祸患。

李德裕为相期间，重视边防警卫，主张削藩，加强中央集权，在一定程度上缓解了唐末内外交困的局势。晚唐诗人李商隐因此誉之为"万古之良相"。

▶▶ 唐纪 下·后梁纪·后唐纪·后晋纪·后汉纪·后周纪　　▶▶ 唐纪 下

唐纪 下
诗豪刘禹锡

刘禹锡,字梦得,唐代中期著名哲学家、文学家,有"诗豪"之称。他的诗歌取材广泛,多反映民众生活和民间风俗,兼有巴蜀民歌意蕴深长、古朴优美的特色,淳朴自然,生动活泼,极富生活情趣。此外,刘禹锡在政治上主张革新,是王叔文派政治革新活动的主要人物之一。

主张变法,屡遭贬逐

刘禹锡出身于书香门第,家族世代钻研儒学。他自幼聪明过人,勤奋好学,十九岁时到长安求学,两年后与柳宗元一同考中进士,继而又登博学鸿词科。795年,他登吏部取士科,被授予太子校书一职,自此开始从政为官之路。仕途初始,他迫切希望在政治上能有一番大作为。800年,刘禹锡在杜佑幕府任掌书记,参加平定徐州之乱。

802年,刘禹锡任渭南县主簿。次年,被调回朝,任监察御史之职。805年初,王叔文革新失败。不久,王叔文被赐死,而刘禹锡作为改革派的重要人物,先被贬为连州刺史,可刚到达江陵,又被加贬为朗州司马。当时与他一同被贬为司马的共有八个人,历史上称他们为"八司马"。

刘禹锡被贬职后,开始发愤写作。在任上,他创作了大量的政治讽刺诗,猛烈抨击了宦官与佞臣的罪行,抒发了自己心中的怨愤。

815年,刘禹锡与柳宗元等人被召回国都。第二年春,刘禹锡因写《元和十年自朗州至京戏赠看花诸君子》一诗,冒犯权贵,被贬为播州刺史,幸有裴度、柳宗元等人帮助,改为连州刺史。此后,他出任过夔州刺史、和州刺史。每至一个地方上任,他都体察民情,体恤百姓,同时也创作了大量诗篇。因长期被贬逐,刘禹锡逐渐抑郁,为了寻求精神支撑,他开始研究佛教经义。到达连州后,他与僧侣关系密切,因此写了很多酬僧诗。

826年冬,刘禹锡应诏回到东都洛阳。至此,他结束了为期二十余年的贬谪生活。

827年,刘禹锡任职于东都尚书省。第二年,他回到朝廷,任主客郎中。刘禹锡到达长安后,写作了《再游玄都观绝句》,诗中表达了自己虽然多次被打击,但仍然坚贞不屈的思想。后来,他又被调任为苏州、汝州和同州刺史。

他在出任苏州刺史期间,苏州遭遇水灾,饿殍遍野。刘禹锡就任后立即开仓济贫,免除徭役,大大减轻了水灾给百姓带来的祸患,使局势稳定,百姓顺利挨

▶（唐）彩绘武士俑
此俑立于类似长方形的平板上,浓眉大眼,满面虬须。武士头戴高帽,袖宽广,左手执于胸前,右手微握拳,轻挽衣褶处。意态安详稳重,略带胜券在握之神情。衣裙纹理清晰,手法细腻。

◀（唐）长沙窑褐绿彩绘壶
口卷沿，颈以下渐外展，硕腹平底，底心内凹。腹一侧置管状流，另侧有曲柄。通体施青釉，釉色青黄，釉面开细碎纹片，其上以褐、绿彩绘装饰。壶体前部由褐、绿色联珠纹组成层叠的山峦纹，后部曲柄两侧饰褐、绿色连珠纹组成的涡状云纹，构图饱满。

有得到充分施展，总有怀才不遇的遗憾。

晚年时，刘禹锡常与白居易、裴度等交游赋诗，唱和对吟，生活闲适。刘禹锡在临终前，为表明自己坚贞不屈的气节，曾著书为自己参与永贞革新辩解，并为王叔文恢复名声。

一代诗豪，文名传世

白居易称赞刘禹锡是"诗豪"，后人又合称他们二人为"刘白"。刘禹锡的很多诗歌作品都流传千古，其诗存世大约八百多首，内容广博。

刘禹锡在被贬期间，认真汲取民歌优点，写出了一批以下层民众的生活和风俗人情为主要内容的上乘诗作。《竞渡曲》《采菱行》《浪淘沙》《堤上行》《踏歌词》等都很有名，其诗或描写百姓的劳动场景，或颂扬劳动人民淳朴的爱情，或展示江南水乡的民风民俗，题材十分丰富。

在风格上，刘禹锡汲取了巴蜀民歌意蕴深长、古朴优美的特色，别有一番清新、朴实、活泼、生动的韵味，极富生活情趣。

刘禹锡的文章以《陋室铭》最为脍炙人口，全文仅八十一字，却字字千金，掷地有声。实际上，刘禹锡的这篇文章是被"气"出来的。

过了困境。因此，他得到了苏州人民的拥戴，当地人将他及曾在苏州担任过刺史的韦应物、白居易并称为"三杰"，还为他们建筑了三贤堂，以示纪念。是时，皇帝也对刘禹锡卓越的政绩很满意，赐给他很多钱财物品以示奖励。

836年，刘禹锡改任太子宾客、秘书监。

841年，刘禹锡又被封为检校礼部尚书，所以，后人多称他为刘宾客、刘尚书。尽管刘禹锡任地方官时颇有建树，但他还是认为自己的才能没

唐纪 下·后梁纪·后唐纪·后晋纪·后汉纪·后周纪　　唐纪 下

刘禹锡被贬谪到和州后，按照当时的规定，他应住一座三间三厦的官邸。可是，和州知县是个趋炎附势的小人，见刘禹锡被贬职，就百般为难，先是将他安置在县城南门，不久让他搬到北门，房间也由最初的三间屋变为一间半，紧接着又让他搬到城中居住。

仅半年时间，刘禹锡就搬了三次家，而住房也越来越狭窄，越来越简陋，全家老小根本无法居住和生活。刘禹锡认为县官太仗势欺人，一气之下挥毫而作《陋室铭》，文章写道："山不在高，有仙则名。水不在深，有龙则灵。斯是陋室，唯吾德馨……"写成之后，他请著名书法家柳公权将文字刻在碑石上，然后将它立于自家门前，以示"纪念"。此举一时间引起巨大轰动，上至朝官下至黎民，无不议论纷纷。

那时被贬为柳州刺史的柳宗元，当年与刘禹锡同时中进士，他们曾互相作诗唱酬，友情笃厚。他读过《陋室铭》后，得知刘禹锡遭受势利小人的刁难，气愤难平，立刻上书朝廷，恳请道："甘愿以自己被贬之地柳州换和州，即使受到惩罚，也死而无憾。"虽然他的请求没有被批准，但由此也可以看出他跟刘禹锡的友情十分深厚。

人生多难，时光荏苒，势利小人的龌龊行为已成笑谈，可刘禹锡的《陋室铭》却光照千古，流芳百世。

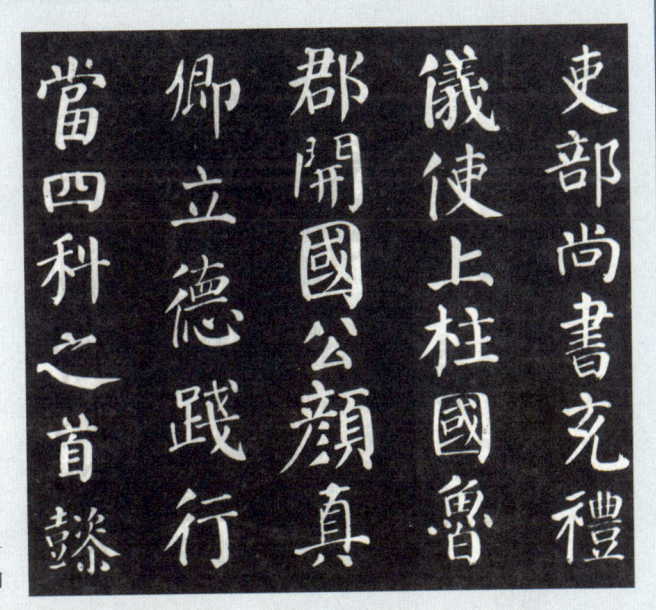

▲（唐）《颜真卿自书告身帖》（局部）
告身是古代授官的文凭，相当于后世的委任状（任命书）。《颜真卿自书告身帖》是颜真卿于唐德宗建中元年（780）被委任为太子少保时自书之告身。颜真卿写这篇告身时已七十二岁高龄，他的书法也已达到炉火纯青的境界。此书苍劲谨严，沉稳厚重，结衔小字亦一丝不苟，清淡绝伦。从此帖字里行间可体会到颜书行笔的气韵和结体的微妙变化。该帖是后人学习楷书不可多得的良范。

◀（唐）流云纹金碗
此碗制作工艺精湛，用锤击和錾刻工艺制作出花鸟纹饰、花口，尽显高贵典雅。

诗豪刘禹锡

唐纪 下

清廉之臣牛僧孺

牛僧孺，字思黯，安定鹑觚（今甘肃灵台）人，唐末著名政治家，唐穆宗、唐文宗时宰相。他任职期间抨击弊政，清正廉洁，在纠正官僚贪污贿赂、卖官鬻爵等各种不正之风上贡献很大。但在为官后期却不以大局为重，与李宗闵结党，排挤政敌，最终导致持续了几十年的朋党之争，大大削弱了唐朝的统治。

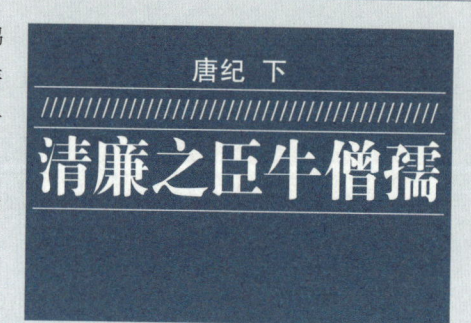

贤良方正，直评时政

牛僧孺是进士出身，及第三年后，应该"贤良方正"科目，抨击朝廷失政，切中时弊，但因触怒宰相李吉甫，而遭其憎恶。

唐期中期，政治腐朽，贪官横行，贿赂成风。

820年，唐穆宗即位，擢升牛僧孺为库部郎中，同年秋天改任御史中丞。次年初夏，牛僧孺把各地官员办案迟缓拖拉，致使大量狱案积压的情况上奏穆宗，提议限定官员的审案日期，并列举出具体的实施办法。此外，牛僧孺还制定了案件的大小分类准则。他的这些措施，使审案的时间大大减少，有效避免了案件积压。

秉公执法，廉洁自律

821年，有人检举刺史李直臣严重贪污，此案被转交给大理寺审理。依照刑律，李直臣当被判处死刑。李直臣为了保命，千方百计买通了受穆宗宠信的宦官，请他们出面向牛僧孺替自己求情，但牛僧孺不予理睬，坚持原判。宦官索性直接求穆宗赦免李直臣，称李直臣颇具才能，且政绩突出，只是一时财迷心窍才动了贪念，请穆宗给他一个戴罪立功的机会。穆宗居然信以为真，诏牛僧孺入宫，对他说："李直臣很有才干，这次只是一时糊涂，我打算宽免他，让他驻守边疆，将功补过。"牛僧孺理直气壮地说："李直臣是个无德之人，只懂得谋求私利，谄媚奉承。刑法就是为了惩治贪官污吏、清明政治而制定的。说起才能，难道逆臣安禄山、朱泚等不比李直臣更有才吗？但是可以赦免他们吗？您万万不可因为李直臣一人而违背法律啊！"穆宗听了他的话，觉得很有理。穆宗因牛僧孺能秉公执法，而晋封他为户部侍郎，专掌国家的财赋大事。

◀（唐）骆驼载乐俑
陕西西安出土，用唐三彩绘制。来自西域的骆驼载有弹唱人物，人物均深目高鼻，多胡须，为典型的胡人形象。

当年，宣武节度使韩弘之子韩公武为了稳固父亲韩弘的权势，曾大肆贿赂朝臣。韩公武死后，其父也随即病逝。

韩氏父子死后，有人向御史府告发韩公武贿赂朝臣之事。但穆宗怜悯韩氏遗孤年龄尚小，没有降罪，只是翻看了韩弘的账目。根据上面的记录，绝大多数朝臣都曾收受钱财，只有牛僧孺的名下写有："某月某日，送户部牛侍郎钱千万，不收。"穆宗看后，非常敬佩牛僧孺清正廉洁的品质，将这个账本拿给左右大臣看。后来，穆宗提拔牛僧孺为宰相。

避难外调，造福于民

824年，唐敬宗继位，加封牛僧孺为中书侍郎。不久，牛僧孺奉命监修国史。当时，敬宗荒淫无度，穷奢极欲，朝内宦官专权，朝臣相互勾结，朝政腐败。牛僧孺因无力改变现状，又怕遭人陷害，就多次上奏请求调外任职。

825年正月，牛僧孺出任鄂州刺史。当时，

▲（唐）青釉佛龛
泰安粥店出土。胎体厚重，近白色，底无釉。器作塔形，龛内可放佛像或舍利子。佛龛造型奇特，制作精致，属北方窑产品。

江夏（今湖北武汉）"风土散恶，难以垣墉"，每年都要增修版筑，并征收大量菁茆覆盖。很多贪吏便借此机会假公济私，草菅人命，百姓苦不堪言。牛僧孺到达江夏后，革除弊政，他对每年茆苦版筑所需的费用进行计算，然后用这些钱烧砖坯砌墙，代替版筑菁茆。五年后，弊政被彻底革除。

那时，沔州与鄂州仅一江之隔，牛僧孺以不该在沔州设行政区域之事上奏朝廷。得到许可后，他当即撤销沔州的机构设置。这样做既裁减了冗员，节省了财政开支，又减轻了民众的负担。

830年，牛僧孺又被召回朝任相。此后又相继出任淮南节度副使、东都留守等职。到唐武宗时期，李德裕拜相时，他被贬官流放。一直到唐宣宗即位后，他才被召回，任命为太子少师。

848年，牛僧孺因病去世。牛僧孺为官廉洁奉公，朝臣称赞他"清德可服人"，这种品德与行为，令人敬佩。但他在为官后期，引发朋党之争，导致朝廷内部近四十年的权力斗争，这是他人生中的一大败笔，也是他饱受后人诟病的原因所在。

▲（唐）佚名《唐人宫乐图》
该画描绘了宫廷仕女坐长案娱乐、饮茗的盛况。图中十二人，或坐或站于条案四周，长案正中置一大茶海，茶海中有一长柄茶勺，一女正操勺，舀茶汤于自己茶碗内，另有正在啜茗品尝者，也有弹琴、吹箫者，神态生动，笔法细腻。

唐纪 下

牛李党争

牛李党争是朋党之争，是唐后期朝廷内部以牛僧孺和李德裕为首的两个派别之间的争斗，党争从萌芽到终结，历时近四十年。这场旷日持久的政治集团争权战，极大地消耗了唐朝统治集团内部的力量，加速了唐王朝的衰落。此后，历朝历代的君主经常以此为鉴，对朝臣的党争深恶痛绝。而如何彻底消除党争，成为君主们必须面对却又难以解决的问题。

不顾大局，结党相争

808年，朝廷以"对策"选官，举人牛僧孺、皇甫湜和李宗闵三人在对策中抨击时政，揭露了朝纲败坏、贪官横行的种种现状，切中时弊。主考官杨於陵和韦贯之认为他们的策文堪称上乘之作，于是上奏朝廷优先录用他们。宰相李吉甫却不以为然，他认为这三个人危言耸听，对朝廷出言不敬，于是他上奏宪宗要求以评卷不公之罪罢免杨於陵、韦贯之以及复试官裴垍、王涯四人。

唐宪宗偏听偏信，对李吉甫的话不加核实就罢了杨、韦、裴、王四人的官，并将他们流放，同时还拒绝录用牛僧孺等三人。此事发生后，举朝震惊。群臣极其愤慨，纷纷为牛僧孺等鸣不平，并责怪李吉甫嫉妒贤能，给朝廷带来巨大损失。

宪宗为平息愈演愈烈的事态，罢了李吉甫的相，贬他为淮南节度使，同时召回被远放的翰林学士裴垍，任他为相。这次因对策而引发的升贬进退事件，使朝中大臣也自然而然地形成了两大对立党派。此后，唐朝不少政治活动，都带有明显的党派相争的政治色彩。

元和年间，两党因对待藩镇割据的态度不一致，展开了激烈对抗。李党力主削藩，牛党则力主

▲（唐）郏县黄道窑骆驼人物灯台
此器为一人俑骑在一骆驼身上，前驼峰上竖起一个灯，柱上有一圆盘，骆驼仰首。此器釉色月白，为唐代郏县黄道窑之精品，体现了匠人的高超手艺。

招安。在这件事上，宪宗和当权的宦官主张削藩，所以，元和年间，李党占了上风。当时，李德裕和牛僧孺还没有做高官，所以党派斗争的色彩还不算浓厚。820年，唐穆宗即位，李德裕、牛僧孺先后在朝中担任要职，以此二人为核心的牛李二党开始形成。

821年，牛党重要人物礼部侍郎钱徽主持进士考试，出任主考官的右补阙杨汝士也属牛党一派。

唐纪 下·后梁纪·后唐纪·后晋纪·后汉纪·后周纪 ▶▶ 唐纪 下

这次科考他们共录取十四名进士，牛党要员李宗闵的女婿苏巢、杨汝士的弟弟杨殷士都榜上有名，其余的十余位进士也都是有家世背景之人。榜单公开后，前任宰相段文昌立刻上奏穆宗，说考官在录取进士过程中有营私舞弊之嫌。

当时，由李德裕、元稹、李绅等人担任翰林学士之职。唐穆宗向李德裕了解真相，李德裕回答说确实有舞弊行为，元稹和李绅也为取士不公正而愤愤不平。于是，穆宗重派官员举行复试，结果最初录取的人中，除三人勉强合格外，其余全不合格。钱徽、李宗闵、杨汝士三位牛党要员因此被贬官远放。进士考试加深了牛李二党的仇怨，从这以后，牛僧孺对李德裕怀恨在心，牛李党争随之进入白热化阶段。

互相拆台，祸乱朝政

李党首领李德裕在为官期间，体察民情，了解民意，体恤百姓冷暖，因此在民间有口皆碑。长庆年间，他出任浙西观察使时，曾拆除境内除用于举行祭祀以外的寺庙一千多所、私人建造的庙宇一千四百多间，大大减轻了民众的负担，填补了赋税缺洞，增加了国库收入。他还上奏唐敬宗要求禁止浙西进献金银珠宝及绫罗绸缎等，因此得到了当地百姓的爱戴。同时，他也主张树立朝廷威严，捍卫国家统一。

830年，李德裕出任剑南西川节度使。次年，吐蕃统帅悉怛谋打算将其占领的维州（今四川汶川西北）归还给唐朝。李德裕立即派兵入驻维州，接管当地事务，并向朝廷提出维护边疆安定的计划。当时，牛僧孺任宰相，他认为唐与吐蕃已经订立盟约，不应该背信，破坏友好关系。唐文宗采纳了牛僧孺的意见，下诏让李德裕的军队立刻撤离维州，并将已投降的悉怛谋遣归吐蕃。其实，虽然唐与吐蕃曾订立盟约，但吐蕃此后

▲（唐）永徽比丘法律造泥佛像
唐代的永徽法律泥佛像的泥色皆为青色，多出土于西安城南白塔寺后院，隋唐时这里叫至相寺。永徽比丘法律造泥佛像的最大特征是泥像中心必定做成一塔，塔多为三层。图中所示即永徽比丘法律造泥佛像。其正面有三层佛塔，上两层各坐一佛，下面一层坐两佛，左右两侧各七尊佛像。泥像背后无文字，制法极精。

少年读全景
资治通鉴故事 6

▸ 唐纪 下·后梁纪·后唐纪·后晋纪·后汉纪·后周纪　▸▸ 唐纪 下

▲（唐）白釉敞口执壶
此执壶敞口，附双小系，器型周正，釉色洁白微泛青，釉面光滑，施釉不到底。

多次违约进犯唐朝边境，既然他们背信在前，唐朝何必还信守盟约呢？牛僧孺在这件事上采取的妥协退让做法，表现出牛党的一贯作风。自此，牛李两党的对立进一步加深。

840年，文宗因病去世，唐武宗即位。武宗即位后，牛党逐渐失势，李德裕应诏回朝任相，李党独揽大权的阶段自此开始。武宗宠信李德裕，视其为心腹，凡事都按照他的意思办，这是李德裕入仕以来最得势的时候。

武宗信奉道教，会昌五年，他下令灭佛。而李德裕因担心全国编产大量减损，也大力支持武宗的决定。于是全国开始拆庙宇，驱僧徒，迫僧还俗务农。客观来说，这项举措对恢复农业生产、增加财政收入起到了一定的积极作用。李德裕此次出任宰相，手握大权，政由己出，不受牛党牵制，在平乱、败回鹘、灭佛等方面政绩卓著，口碑颇佳。但他执政时，独行其是，打击政敌，不仅为牛党忌恨，也遭宦官指诉。

846年，武宗死后，唐宣宗继位，李德裕好运终了，厄运来临。宣宗一直对李德裕独断专行的做法心怀不满，因此即位之初即免去了他的相职，将其贬为东都洛阳留守，逐渐驱逐朝廷官职体系中的李党诸人，改用牛党的令狐绹、崔铉等人为相，牛党领袖牛僧孺也再次入朝任职，真可谓"一朝天子一朝臣"。不久，李德裕又由东都留守被再贬为潮州司马，又加贬为崖州司户参军。大中三年，李德裕因病去世，至此，持续了近四十年的牛李党争终于结束了。

客观来说，李德裕和牛僧孺皆有才华，且为官清廉。可双方仅因出身不同，曾有嫌隙，就拉帮结派，苦苦相争，致使朝纲败坏。身为朝廷高官，不能豁达大度，反而互相倾轧，实非社稷之福。

◂（唐）玛瑙羽觞
1970年出土于陕西西安何家庄的唐代器物窖藏坑，呈椭圆形，似耳杯而又无双耳，小平底。酱红色玛瑙，有多种不同颜色且不太规则的瑕斑。雕刻者利用了玛瑙本身颜色不同的自然花纹，琢磨精细。此器艳丽夺目，是唐代少有的艺术珍品。

牛李党争

▶▶ 唐纪 下·后梁纪·后唐纪·后晋纪·后汉纪·后周纪　　▶▶ 唐纪 下

唐纪 下
唐武宗灭佛

唐中后期，各地寺院均享有免税的待遇，所以剃度为僧及归附到寺院做佃农的人越来越多，造成政府财政收入大大减少。到肃宗、代宗时，寺院不仅拥有雄厚的经济实力，还设立了法僧和僧兵，拥有了独立的武装力量。此后，朝廷与寺院的矛盾越来越深，终于导致了信奉道教的唐武宗下令灭佛的事件。

佛事昌盛，影响国政

佛教是西汉末年传入中国的，经过几百年的发展，到唐朝时已与儒、道思想鼎足而立。佛教能由外来宗教演化为本土宗教，与历代一些统治者的大力支持分不开。他们笃信佛教，支持佛教事业，鼓励剃度为僧，广建寺院。

唐初期，全国僧尼已达十几万人，其衣食住行一律由朝廷供给，这大大增加了国家的经济负担。《旧唐书·高祖本纪》中记载："浮惰之人，苟避徭役，妄为剃度，托号出家。"意思是说，因僧人享有免徭役的特权，所以很多游手好闲之徒争相剃度为僧，以躲避徭役。鉴于此，624年，唐高祖强迫僧尼还俗，并给予婚配，这样做不仅能增加劳动人口，促进生产发展，还能使他们服兵役、徭役。这项措施大大改变了唐朝初期人口减损和经济萧条的状况，还使得奸猾懒惰者不能再以出家为借口躲避徭役。

唐太宗在位时，玄奘西行天竺取经回朝，唐太宗曾亲自为他译制的佛经作序，这表明唐太宗对佛教总体是支持的。到了武则天执政时期，佛教变成了她统治百姓的工具，所以佛教在此时达到鼎盛。

武则天称帝前，曾有一位僧人为巴结她，编造了《大云经》四卷敬献给朝廷。《大云经》全书纯属伪造，书中假称武则天是西天弥勒佛转世，说她代唐自立是上天的旨意。此书顺应武则天自立为帝的想法，为其夺位提供了宗教依据，她也因此得到了众佛徒和无数愚昧民众的支持。武则天十分高兴，厚赏了那个编书的僧人。为了对佛门的帮助表示感谢，武则天下诏

▼（唐）文殊菩萨
此为山西五台山佛光寺文殊菩萨像。

少年读全景
资治通鉴故事 6

▶ 唐纪 下·后梁纪·后唐纪·后晋纪·后汉纪·后周纪　　▶▶ 唐纪 下

◀ 摩羯纹金花银盘

出土于内蒙古赤峰市喀喇沁旗。盘中的摩羯纹具有印度佛教文化的色彩，可见当时佛教对各民族影响之深。

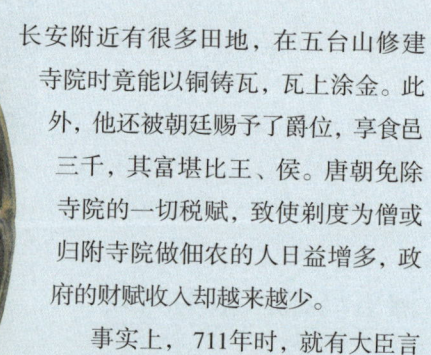

长安附近有很多田地，在五台山修建寺院时竟能以铜铸瓦，瓦上涂金。此外，他还被朝廷赐予了爵位，享食邑三千，其富堪比王、侯。唐朝免除寺院的一切税赋，致使剃度为僧或归附寺院做佃农的人日益增多，政府的财赋收入却越来越少。

事实上，711年时，就有大臣言"十分天下之财，而佛寺就占有七八"。到了肃宗、代宗执政时，这种情况愈发严重。寺院不仅拥有雄厚的经济基础及政治上的特权，还可以设僧兵，建有自己的武装力量。可以说，唐朝的一座寺院就等同于一个小的"佛教王国"。天下有不计其数的寺院，就相当于有不计其数的"佛教王国"。所以，唐朝各级官府与寺院之间的矛盾日益尖锐。

命工匠雕刻一尊十米高的佛像立在洛阳龙门，并在长安、洛阳及全国各州县各建寺院一座，作为各地祀典之用。

佛教在唐肃宗和唐代宗时获得了较大的发展。这时流行的密宗教派在佛事活动中加进了巫术，因而具有一定的欺瞒性。安史之乱发生后，唐朝廷兵力衰弱，屡战屡败，统治者便开始寄希望于巫术，想借助超自然的力量打败叛军，平定叛乱。于是，肃宗在灵武招募了大批僧人，让他们每天念经、事佛、行巫，一方面为朝廷祈求庇佑，一方面咒骂叛军。后来，郭子仪等人收复长安，肃宗居然认为那是巫僧的功劳，还厚赏了他们。代宗即位后，边疆战事频繁，他也曾用巫僧祈求福祉、咒骂叛军，因此，巫僧礼佛风行一时。

当时，有个名叫一空的僧人名噪一时。他在

矛盾尖锐，武宗灭佛

唐武宗是一位极力推崇道教的皇帝。早在即位之前，他就沉迷于道术，甚至为了让自己能长生不老而修炼道功。即位后，他下令设立祭坛，潜心学习道术，炼制并服食丹药，道教也由此兴盛。

840年，武宗先召道士赵归真等八十一人进入皇宫修建道场。不久，他又召衡山道士刘玄靖入宫，并给他加官晋爵。后来又召罗浮道士邓元起入宫炼制丹药，并教自己修炼长生之术。武宗做出的这些举动令朝野哗然，大臣们公开上奏指责他的昏聩行为，还就此事在延英殿展开了一场争论。武宗极力为自己辩解，他说："我不喜声色玩

唐纪 下·后梁纪·后唐纪·后晋纪·后汉纪·后周纪　　▶▶ 唐纪 下

乐之事，终日在皇宫闲处，深感孤寂，我不过是想让道士们陪我说话消遣。"宰相李德裕听后，进言道："当年敬宗因为过分相信道士，最终受其蛊惑，致使朝政混乱。臣并不敢责怪敬宗有过失，但臣等希望您能引以为戒。"

佛教与道教之间的斗争由来已久。845年，武宗下诏彻底清查全国所有寺院数量与僧尼人数，又下令仅长安和洛阳左右二街各留寺庙两所、僧人三十名，其他各州县各留寺院一所，并把寺院分上、中、下三等，分别留僧二十人、十人、五人。同年秋，武宗再次下令在规定日期内拆除所有寺院。此次废佛行动史称"会昌废佛"。

在这次废佛行动中，各地共拆除寺庙近五千座。拆下来的木材等用以补葺房屋等，金银佛像入国库，铁制佛像则在熔化后用于铸造农具，铜像、钟和磬等物用以熔铸货币。此外，这次行动还没收了寺院良田数千万顷、男女奴仆十五万人，并迫使二十六万多名僧尼还俗，释放了为寺院服役的百姓五十多万人。

武宗虽将废佛诏令下发全国，但各地的执行情况却大不相同。不少藩镇坚决不予实行，尤其是河北部分节度使，根本没有在辖地实施废佛行动，致使废佛之地的僧尼争相逃往河北。另外，有的地方虽实行废佛之令，但执行力度不大，成效甚微。尽管如此，"会昌废佛"还是给了佛教致命的打击，佛教徒甚至将其称为"会昌法难"。

武宗的废佛之举，使政府收获了大量财物和田地，还增加了税户和财政收入。虽然"会昌废佛"从主观上来说是武宗以崇道排佛为目的实施的，但客观来讲，废佛仍是利国利民之举，应该给予肯定。

▼唐武宗尊道灭佛
845年，唐武宗下令清查所有寺庙及僧人数量，并予以削减。同年秋，唐武宗下令拆除所有寺院。

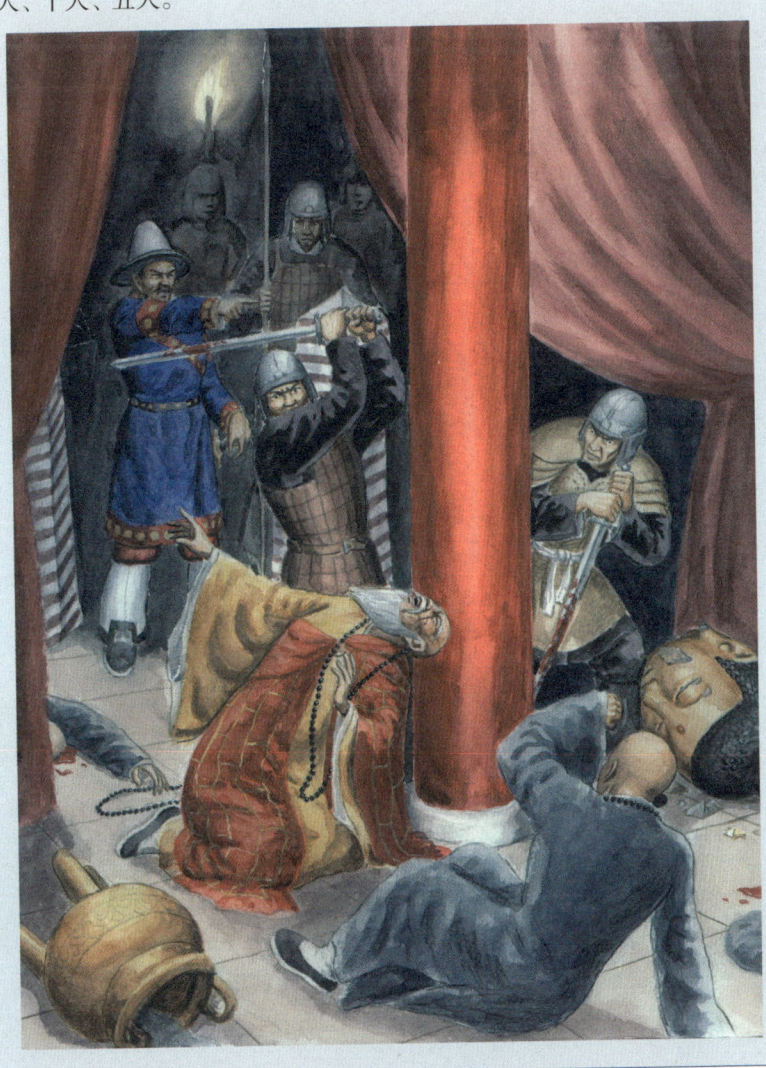

唐纪 下·后梁纪·后唐纪·后晋纪·后汉纪·后周纪

唐纪 下

唐纪 下
唐宣宗韬光养晦

唐宣宗名李忱，是唐宪宗第十三子、唐穆宗之弟、唐武宗的叔叔。武宗一直没有立太子，所以在他病危的时候，宦官马元贽拥立李忱为帝，是为唐宣宗。宣宗在位时，明察秋毫，虚怀纳谏，奖惩分明，虽无法力挽狂澜，却也在一定程度上缓解了唐朝的颓势。他是晚唐最后一位有一定作为的皇帝，颇具唐太宗李世民之风，被后世誉为"小太宗"。

以愚示人，荣登大宝

唐宪宗死后，他的第三个儿子李恒继承皇位，即历史上的唐穆宗。当时李忱年龄尚小，穆宗对他十分宠爱。李忱十多岁时，身患重病，当时病势愈发严重，忽然有光辉照耀其身，他便马上一跃而起，端正身体，拱手作揖，像对待臣下一样。他的乳母认为这是心病。但穆宗看过后，却抚摸着李忱的背说："这是我们李家的英明人物啊。"为了表示对李忱的疼爱，穆宗还赏给他很多金银财宝。

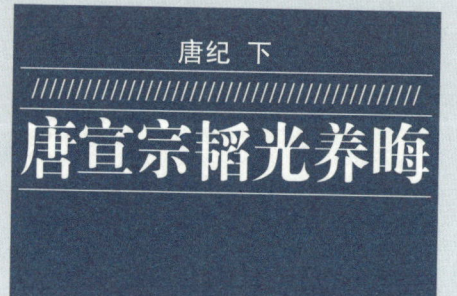

穆宗的儿子文宗登基后，对李忱的态度与父

▼唐宣宗题字碑
唐宣宗于大中十三年（859）亲自为四面寺（位于安徽太湖四面尖）题字撰写碑文，将四面寺改成大中寺。

◀（唐）鎏金银如意
此如意于1987年在陕西扶风法门寺塔地宫出土。现藏于法门寺博物馆。

亲截然不同。他不但不尊重李忱，反而不时调侃李忱。一次，文宗设宴请客，酒过三巡，他竟迫使李忱发言以供消遣。文宗甚至因为李忱曾被穆宗封为光王，而有失尊重地笑称他为"光叔"。尽管文宗的行为充满戏弄、嘲笑之意，但李忱一直默默忍受，保持镇静，不反抗，也从不憎恨，以至于长期以来人们都以为李忱十分愚钝。

其实李忱是大智若愚。当时宦官专权，权力斗争激烈，为求自保，他只能以愚钝示人，希望有朝一日能重振大唐。文宗死后，他的弟弟武宗即位。武宗在位时，没有立太子，等到他死的时候，他的五个儿子都还小。大宦官马元贽等人都想乘此机会，选择一个软弱无能的人做皇帝，方便他们操控。他们一致拥立了李忱，即唐宣宗。

励精图治，改革弊政

宣宗即位后，首先罢免了武宗时期的宰相李德裕，将他贬官。接着，他又任用牛党白敏中为宰相。至此，持续了近四十年的牛李党争告终。

宣宗为政勤勉，励精图治，喜读《贞观政要》。他整顿吏治，以加强对外戚和宦官的控制。他曾为死于甘露之变的大多数官员雪冤，也曾打算铲除宦官势力，但最终鉴于甘露之变的教训，没能有所行动。

宣宗期望能中兴大唐，因此，他常阅读唐太宗的《金镜》，以此激励自己。同时，他还经常到民间暗访，并发现了很多有才能的官员。一次，百姓在庙堂祭祀佛祖，他们祈求佛祖留下醴泉县令李君奭，微服私访的宣宗恰好看见此番情景。

回到皇宫后，宣宗立即在内殿大柱上写下了醴泉县令李君奭的名字。在任命汴州刺史时，宣宗毫不犹豫地选择了李君奭，令群臣感到十分惊异。

除此之外，宣宗不徇私情，并严格要求自己、管束子女。

宣宗待母亲郑太后十分孝顺，悉心照顾。国舅郑光任节度使时，宣宗曾与他讨论治国之道，可郑光竟答不上来，宣宗便觉得很扫兴。郑太后多次跟宣宗提及郑光家境贫穷，而宣宗也只是赏给他财物，不再让他担任节度使。

万寿公主出嫁时，有人提议送亲的马车用黄金装点。宣宗却说："要想让天下人节约，我就要从自身做起。"于是命人以朝臣的标准用铜装点马车。继而，宣宗又令公主谨守为妻之道，不可因公主身份而失于礼法。

一次，驸马的弟弟患了重病，奄奄一息，宣宗派人前去探问。使臣回来后，宣宗问："公主在哪？"使臣说在慈恩寺听戏。宣宗听后勃然大怒，说："我之前不知道为什么朝臣不愿意跟皇室结亲，如今我才知道这是有原因的。"说完，他立即派人召万寿公主回宫，并让她一直站在庭殿的台阶下边，不肯接见她。公主见宣宗满脸怒气，十分畏惧，哭着谢罪。宣宗责备公主道："小叔子病重，你应该去询问拜望，怎么可以去听戏呢？"接着，他又让公主立即前往驸马弟弟处探望。

宣宗在位期间，皇室亲戚都遵规守法，没有人敢倚仗权势胡作非为。

宣宗绝不允许有人侵犯皇权。一次，宰相白敏中为了使官员就近上任，私自调换了两个同等官职官员的上任地点。宣宗知道后，严厉地说："宰相的权力真大啊！"白敏中听后惊恐万状。

后来，宣宗年老，有人提议立太子。可是，当有人向他上奏此事时，他竟勃然大怒，说："一立太子，我就没有事做了！"从此，再也没有人提立太子的事了。

859年，宣宗因服食丹药而中毒，一病不起，后于同年秋病逝。

▲（唐）鲁山花釉高足鼓钉钵
质地为瓷。此罐器型周正，口沿部饰鼓钉纹，高圈足，外撇，花釉，施釉不到底。

唐纪 下

张议潮收复河西

张议潮，沙州敦煌（今属甘肃）人，唐后期领导河西地区百姓摆脱吐蕃贵族统治、收复河西地区的名将。唐朝中期，朝纲腐败，边防军事力量也日趋衰弱，因此吐蕃乘虚而入，占领了河西诸州。张议潮率领当地百姓起兵反抗，经过艰苦卓绝的争战，终于击退入侵的吐蕃军，使河西地区重归唐朝。

驱逐吐蕃，收复河西

张议潮出身于官宦之家，张氏家族数世都是州将，他的父亲张谦逸曾被赠官工部尚书。安史之乱后，唐朝国力衰败，边防空虚，于是吐蕃乘隙攻取河西诸州。到776年时，吐蕃先后攻取了唐朝的廓州、凉州、兰州和瓜州等地。

河西沦陷后，当地民众惨遭吐蕃凌虐，身体强壮的人被迫为奴，耕田放牧，年老体衰者则一律被杀害，百姓生活极端痛苦，都期盼能早日回归大唐。开成年间，唐朝使臣出使西域，途经河西，见诸州城镇和原来一样，百姓见唐朝使者到来，都排列在道路两旁欢呼涕泣，虽然他们的语言出现了些微变化，但服饰却丝毫未改。由此可见，尽管过去了几十年，当地民众还是十分眷念唐朝。

会昌年间，吐蕃连年出现天灾，导致国内饥民无数，尸横遍野。加上吐蕃统治集团内部不断进行权力争夺，自相残杀，吐蕃国力逐渐衰退。

大中初年，唐朝乘隙夺回被吐蕃占领的原州、威州和扶州，以及七关（石门、驿藏、木峡、特胜、六盘、石峡和萧关）。这大大激励了河西诸州人民反吐蕃的斗志。

后来，吐蕃骑兵进犯瓜州，肆意抢掠，引起了河西军民的愤恨。于是，张议潮开始私下里广结各路英雄豪杰，谋划回归大唐之事。

848年，张议潮见时机已到，当即起兵。他首先率军击退了吐蕃守城的将士，收复了沙州，并立即派使臣回唐朝禀报这个好消息（由于东道受阻，唐朝廷于850年才收到了这个好消息）。紧接着，张议潮又招募兵士，相继收回了河西的瓜州、伊州、西州、甘州、肃州、兰州、鄯州、河州、岷

▶（唐）反弹琵琶图
这幅壁画出自莫高窟的《伎乐图》，描绘了伎乐天伴随着弦乐翩翩起舞、举足旋身、反弹琵琶的瞬间。人物造型饱满，线条写实明快，流畅飞动，是敦煌壁画中的代表作。

唐纪 下·后梁纪·后唐纪·后晋纪·后汉纪·后周纪　　　唐纪 下

州、廓州等州土地。唐宣宗专门颁诏，嘉奖张议潮等人的英勇忠义和卓越的功绩，并提升张议潮为沙州防御使。

851年夏天，张议潮再次派使者回朝禀告得胜的消息，并将瓜、沙等十一州地图呈献给朝廷。自此，除凉州外，被吐蕃侵占百余年的河西地区已全部复归唐朝。同年，宣宗下令在沙州设置归义军，由张议潮统领，管理河西十一州。

858年，张议潮命令侄子张淮深率军收复被吐蕃占领的凉州。经过三年血战，在861年终于收复凉州，并将此事上奏给朝廷。到这个时候，被吐蕃占领长达百年之久的河西各州已全部归于唐朝版图。

863年，唐朝复置凉州节度使，管辖凉、洮、西、鄯、河、临六州，并由张议潮兼领凉州节度使，恢复了贞元初年废置的凉州军镇。自此，河西走廊恢复了通行，促进了西北与中原地区的往来和中外经济文化交流。

张议潮率领河西军民，多次击败来犯的吐蕃军。在这个时期，党项、回鹘和吐谷浑等居住在河陇地区的各少数民族，经常联合起兵滋扰边境，但张议潮都给予了有力的回击。

保民安边，发展河西

在抵御入侵的同时，张议潮还致力于对河西的全面治理。他倾注了很多心血发展生产，恢复经济。河西地区少数民族聚集，有的从事农耕，有的发展牧业，还有的经商。为了保证粮食生产，张议潮鼓励农业生产，积极兴修水利，以便灌溉。

当时，他下令在沙州兴建了很多沟渠，还派有专人治理。大力兴建农田水利，促进了农业生产的发展，河西地区出现了仓廪丰足、六畜兴旺之景。张议潮还积极引进汉族的先进文化，大大改变了河西诸州的文化风貌。此外，他大力提倡各族人民互帮互助，妥善安排他们的生活与生产活动。

张议潮收回伊州后，就让各个少数民族混居在一起。这种做法促进了河西地区社会的安定和生产的恢复与发展。

▶（唐）三彩双峰驼
三彩骆驼引颈张口，四肢做行走状，生动地再现了丝绸之路上驼队不畏艰险、长途跋涉的真实情况。此骆驼形体高大，神情刻画准确，釉色明亮，堪称唐代大型动物雕塑的佳品。

▶▶ 唐纪 下·后梁纪·后唐纪·后晋纪·后汉纪·后周纪　▶▶ 唐纪 下

秋，他又令仆固俊与吐蕃交锋，吐蕃军溃败，且伤亡惨重。自此，吐蕃日趋衰败，河西没有了外患的侵扰。

张议潮光复河西以后，打通了从长安经萧关直通西北的道路，改变了以往通行不畅的状况。

867年春，张议潮应召来到唐都长安，朝廷提升他为右（一作左）神武统军。张议潮入朝后，仍然管辖河西诸州。后来，他的侄子张淮深接替了他的职务。

872年夏，张议潮在长安去世。

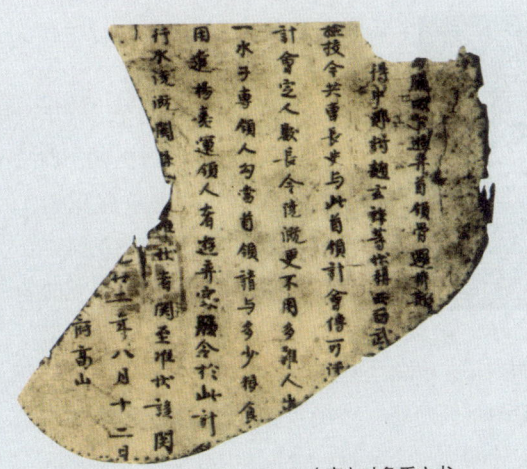

▲（唐）吐鲁番文书
新疆吐鲁番阿斯塔那古墓出土。

866年春，张议潮上奏章，已令回鹘首领仆固俊率军克复西州、北庭、轮台、清镇诸城。同年

▼（唐）木牛车
新疆吐鲁番阿斯塔那古墓出土。这是一件保存基本完整的木制牛车，由牛、车两部分组成。车为两个轮子，车厢前后开门，左、右两侧用墨绘制花纹，车盖用竹片制成。车轮有十二根辐条，车轮涂成黑色，牛也用墨涂黑。

唐纪 下

昏君唐懿宗

唐懿宗名李漼，是唐宣宗的长子，也是唐朝最后一个在长安安度一生的皇帝。他在位十五年，其间宠信宦官，穷奢极欲，胡作非为，沉湎于声色犬马之中，将宣宗辛辛苦苦取得的成就彻底断送，大唐王朝从此走上了灭亡之路。

沉湎游乐，用人不当

唐懿宗是宣宗死后由宦官拥立的。他即位后，只知吃喝享乐，对国政却置之不理。懿宗深居宫禁，每天举行一次小宴会，三天举行一次大宴会。除了吃喝享乐，他还热衷于观看乐工表演。他天天都得听曲子，即便出游，也一定将乐工带在身边。当时，懿宗在皇宫中供养的歌舞艺人有五百人之多，而这些人一旦讨得懿宗的欢心，他就厚赏他们，常常一出手就是上千贯钱。

懿宗若在宫中待得憋闷，会随时到京城之外的宫室客馆游玩。因为他来去不定，宫室的侍臣时时都要准备好食物和住宿，乐曲更是不可或缺。那些跟随懿宗出游的亲王，也总是时刻备好坐骑，以备懿宗随时可能招呼他们外出。863年春，懿宗居然挨个祭拜了本朝的十六座皇陵。他生活中最重要的事就是吃喝享乐和听歌赏舞。受他的影响，朝廷内外的官员们也都沉迷于骄奢淫逸、花天酒地的恶俗生活中。

懿宗即位之初，罢免了令狐绹，任命白敏中为宰相。白敏中因在上朝时不小心摔倒受伤，所以始终卧床休养，不能办理公务。他三次上奏请求辞官，懿宗都不应允。因为白敏中有病在身，正称了懿宗的心，他可借此机会不理政事，不得已和臣子

▼（唐）怀素《论书帖》
怀素《论书帖》草书墨迹，纸本。

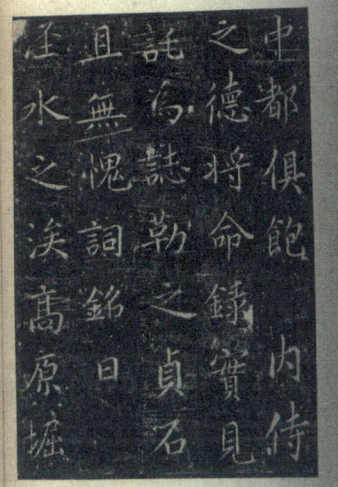

少年读全景 资治通鉴故事 6

唐纪 下·后梁纪·后唐纪·后晋纪·后汉纪·后周纪　　唐纪 下

▲（唐）李辅光墓志（局部，清初拓本）
唐元和十年（815）葬。志在陕西咸阳。首页钤有"陈氏怡云馆鉴藏""十万山人"等章；尾有周肇祥跋："李辅光宦者而有功绩……元略文叙事清晰，巨雅书秀俊。"并钤章。崔元略撰文，参军巨雅（元略弟）书。字体清劲，志文可补史传。

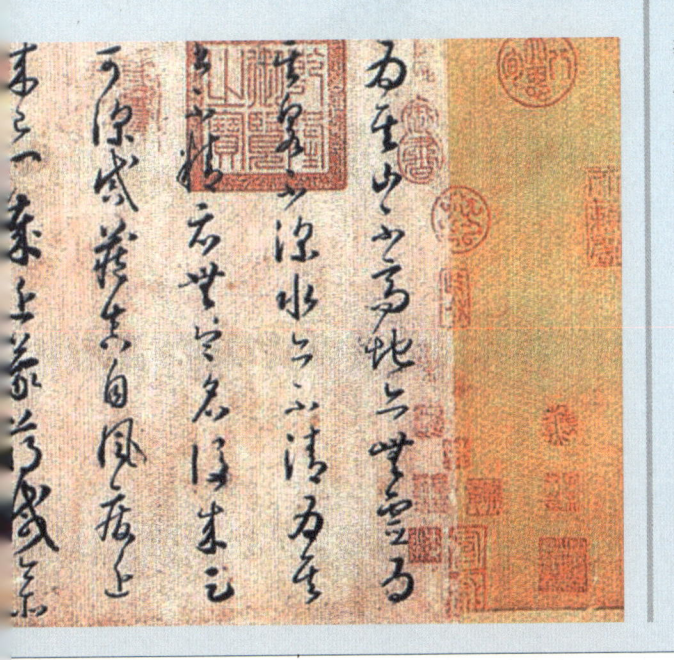

商讨国事时，也是应付了事，他的心思根本不在政事上面。面对这种情况，谏官王谱批评懿宗不理朝政。懿宗心生不满，一怒之下下令把王谱贬官出朝任县令。掌管封驳权的官员认为王谱是谏官，议论政事不该遭贬，懿宗不得不依照唐朝律令收回了诏令。后来，懿宗将这件事转交给宰相们商讨解决，诸宰相都对懿宗百依百顺，居然置律令于不顾，判王谱贬官。

崇尚佛教，挥金如土

懿宗封赐官职，赏金赐银，通常都是兴致使然。伶官李可及因通晓音律，嗓音浑厚，得懿宗宠信，竟被提拔为威卫将军。给伶官加封官职，这是唐朝建国以来前所未有之事。

唐太宗时的制度规定，对于宫廷中的乐工、艺人等只能赏赐财物，而不可给予官职。懿宗封李可及为朝廷高官之事，宰相也曾提出过异议，但懿宗不予理会。后来，李可及的儿子成亲时，懿宗赏赐给他两杯酒，可实际上里面装的根本不是酒，而是黄金。

唐朝历来主要以科举考试来选拔官吏，但到了懿宗执政时，凡是他的心腹，不用参加科举考试即可直接封为进士，赐予官职。

懿宗统治期间，共任命了二十一位宰相。因为懿宗置国事于不顾，致使宰相的权力迅速膨胀。其实，这是他们施展才华、为民造福的时候，但遗憾的是，这些宰相大都是泛泛之辈，有的贪婪成性，有的碌碌无为，他们结党营私，公然收受贿赂，目无王法。这些宰相无所作为，缺少大臣风范，更加剧了唐朝的统治危机。

昏君唐懿宗

唐纪 下

懿宗是一个急功近利、贪慕虚荣的人，他的尊号之多就能表明这一点。尊号是为了标榜功德而立，皇帝每次加封尊号时，都要举行庄重的仪式，颁诏于天下，并赦免所有有罪的人。起初，朝臣经过议论给懿宗定尊号为"睿文明圣孝德皇帝"，可他还不满意，后又改尊号为"睿文英武明德至仁大圣广孝皇帝"，尊号达十二个字之多。

懿宗还好佛事。他即位后，佛教又得以发展壮大起来。他沉迷佛事，广建寺院，大造佛像，厚施钱财。在他的推崇下，大规模的法会道场开始兴盛，长安佛寺中的经声佛号又响起来。懿宗事佛的高潮是在法门寺迎接供奉佛舍利，这是继宪宗之后的又一次规模浩大的事佛活动。

873年春，懿宗刚下达迎奉佛骨的诏令，就招来了群臣的劝阻。朝臣都认为此举既使百姓劳苦，又耗费钱财，而且鉴于宪宗迎奉佛骨之后暴死的教训，众人都不赞成这个举措。可懿宗对此置若罔闻。

迎奉佛骨那天，从长安城到法门寺，军兵排出数十里，场面十分壮观，其排场比皇帝主持的祭天大典还要气派。佛骨舍利被迎入长安，在宫中供奉三天后，懿宗下令将其送到京城的寺院让百姓观看。

瞻仰佛舍利时，一些笃诚的教徒居然焚烧自己的手臂、衣袖，或者在头上点香礼拜。而富人会花费大量钱财举行法会，他们甚至以水银注满池塘，用黄金和宝玉做树，以此招徕道行深的僧人。就连朝中大臣也都竞相布施财物，因此而浪费的财物多得无法计算。

这次供奉佛舍利的时间持续了很久，及至僖宗继位后，才将佛骨送回法门寺。

懿宗坚持供奉佛骨，表面说是"为民众祈求福佑"，其实他是为自己祈求庇佑。但佛舍利终归没有给这个昏庸无道的君王带来福祉，佛骨迎入长安的那个月，懿宗就病倒了。

873年夏，唐懿宗穷奢极欲的一生结束了，唐朝此时已然岌岌可危，唐懿宗难辞其咎，留下千古骂名。

▼▶（唐）银錾刻花纹执壶及把杯
执壶制作精美，系用錾刻工艺刻五层图案。把杯亦用錾刻工艺打造，保存完好。壶衣有"咸通十年元月五日造"字样，金珠钮，有提链，十分难得。

少年读全景
资治通鉴故事6

▶▶ 唐纪 下·后梁纪·后唐纪·后晋纪·后汉纪·后周纪　　▶▶ 唐纪 下

唐纪 下
王仙芝起义

唐末，土地兼并严重，苛捐杂税繁多。百姓食不果腹，居无定所，终于无法忍受，纷纷揭竿而起。在这种背景下，濮州人王仙芝顺应民意，举起起义大旗，领导了一场声势浩大的起义运动。他提出"平均"的口号，极大地调动了农民的积极性，为推翻唐朝末期的黑暗统治做出了重大贡献。

反抗暴政，聚众起义

王仙芝最初以贩卖私盐为生，在当地颇有名望。875年初，关东遭遇旱情，饥民无数，饿殍遍野，但官府对此置之不理，依然催缴租税，派发差役。百姓无路可走，纷纷投靠王仙芝。王仙芝遂带领众人发动起义，他自称"天补平均大将军"，并且率领义军很快攻取了山东的曹、濮二州。

同年夏，冤句（今山东菏泽西南）人黄巢揭竿而起，率数千人与王仙芝在曹州会师，起义军逐渐发展壮大。此后，那些深受横征暴敛之苦的百姓、散居于民间的起义军余众等，都纷纷加入到王仙芝的队伍中，义军转眼间就发展到几万人。在王仙芝的指挥下，义军破郓州（今山东东平），克沂州（今山东临沂），大大推动了农民反抗斗争的发展。到初冬，起义军已连续攻下十多个州。在淮南，义军队伍蜂拥而起，人数多的上千，少的也达几百人。一时间，起义遍布全国。

一个月后，唐僖宗任命平卢节度使宋威为诸道行营招讨草贼使，赐给他禁军三千，骑兵五百，并令河南各藩镇所派出的镇压军队统一听从宋威

▼（唐）鎏金卧龟莲花纹五足朵带银熏炉
该炉以银板锤镖成型，附件浇铸，纹饰鎏金。由盖、身两部分组成。直口、平折沿，方唇，深腹，平底，盖面高隆，呈覆碗状，宽平折沿，与炉身口沿相合。莲花形盖钮，钮底镂刻莲瓣一周，瓣尖上翘，呈瓣状气孔，便于烟香外熏。盖面饰缠枝莲一周，五朵莲花上各卧有一龟，龟首后顾，口衔瑞草。腹壁饰流云纹，并铆接五只兽足，上部做独角兽首。兽首之间，销钉套接朵带，垂于足间。该炉做工精湛，构思巧妙，堪称唐代金银器的瑰宝。器内錾刻铭文"咸通十年（869）文思院造"等四十余字，对研究唐代官廷金银作坊组织、官职设置、度量衡制度及器物定名等，都具有重要历史价值。

少年读全景
资治通鉴故事 6

▶ 唐纪 下·后梁纪·后唐纪·后晋纪·后汉纪·后周纪　　▶▶ 唐纪 下

州（今河南陕县）和潼关（今陕西潼关），以洛阳为核心摆开阵势，意图阻止王仙芝进军长安，并将义军一网打尽。

在这种形势下，王仙芝果断出击，率领义军浴血奋战，强攻汝州，将官军全部歼灭，夺取了汝州。此战中，唐朝大将董汉勋和刑部侍郎刘承雍战死，刺史王镣被俘。官军溃败的消息传至东都，百官大都仓皇而逃。唐僖宗也撤销了长安的重阳内宴，并下令宽赦王仙芝，打算招抚义军。

王仙芝对此置之不理，率军继续北上攻取阳武（今河南原阳）。义军进攻郑州时，在中牟（今河南鹤壁西）被唐昭义监军判官雷殷符所败。义军兵败后分两路行进，一路由王仙芝率领南下，于初秋攻下了河南唐州、邓州；之后继续向南推进，又一口气占领了郢州（今湖北京山）和复州（今湖北沔阳）；夺取随州（今湖北随州）后，转而向东南方向进军，攻克了安州（今湖北安陆）和黄州（今湖北黄冈）。另一支义军则进军淮南，从申州（今河南信阳）、光州（今河南潢川）进而攻打舒州（今安徽潜山）、庐州（今安徽合肥）一带，此路义军在淮南威名远扬。

妥协退让，战死沙场

义军经过半年多的东征西讨后，在江淮河汉一带广泛展开游击战争，使得官军疲于奔命，难以应付，而此时义军已发展到约三十万人。在义军的猛烈进攻下，蕲州（今湖北蕲春）刺史裴偓无力抵御，开城请降，并替王仙芝上奏求官。唐僖宗遂封王仙芝为左神策军押牙兼监察御史。这时王仙芝已有归附朝廷之心，后因遭到黄巢痛斥和义军上下的反对，才被迫回绝了朝廷的封官。此后，起义军内部出现分裂，王仙芝与黄巢从此分道扬镳，义军的战斗力大大削弱了。

▲（唐）菩萨与火天神
壁画位于敦煌莫高窟第一百四十八窟内。窟中多为密宗壁画。火天神坐于绿色荷叶上，秃顶长须，为羸瘦苦行老者形象。菩萨头戴宝冠，面部圆润丰满。

调遣。

876年夏，宋威率军与王仙芝的起义军在沂州城下交战。王仙芝面对强大的官军，决定避其主力，率军行军千里，于一个月后抵达河南，在接下来的十天之内连破八座城，并攻取阳翟（今河南禹州），占据郏城（今河南郏县）。

僖宗又任命左散骑常侍曾元裕为招讨副使，率军守护洛阳。同时，让山南东道节度使李福选派两千精锐步骑，北上汝州（今河南临汝）和邓州（今河南邓州），坚守要塞；命凤翔节度使令狐绹和邠宁节度使李侃率一千步兵、五百骑兵驻守陕

唐纪 下·后梁纪·后唐纪·后晋纪·后汉纪·后周纪

唐纪 下

877年正月，王仙芝占领鄂州（今湖北武昌）。同年夏，他与黄巢合作，协力进攻宋州（今河南商丘），遭到失败；一个月后夺取了安州、随州，转而又攻打复、郢二州。义军虽连连获胜，但朝廷在春初颁布了《讨草贼诏》，发动官军和地方武装力量团结一致征讨义军。与此同时，朝廷为削弱义军实力，还对他们发动了猛烈的政治攻势。如朝廷下令，若义军同意投降，归附朝廷，则加官晋爵，赏赐金银财宝。

在利益的诱惑下，王仙芝写下降表，并派亲信大将尚君长和蔡温球去邓州乞降。可是，在招讨副使都监杨复光护送他们去长安的途中，招讨使宋威为抢功竟派人劫走了尚、蔡二人，然后他上奏朝廷，声称自己在颍州（今安徽阜阳）西南交战时，擒获了义军的两位首领，并将他们斩杀于狗脊岭（在唐长安城内东市）。王仙芝知道此事后，火冒三丈，当即率义军南下，渡过汉水进攻荆南（今湖北江陵）。

878年正月初一，王仙芝率义军占领罗城，后因山南东道节度使李福率兵支援官兵，义军溃败。王仙芝随即率领义军到别的地方作战，可当他们抵达申州东时，又遭到招讨副使曾元裕的攻击。这次交锋，义军再次大败，且伤亡惨重。

与此同时，朝廷因宋威杀尚君长不得其法，于平定起义军无功，解除了他的兵权，提升曾元裕为招讨使，颍州刺史张自勉为招讨副使，又令剑南西川节度使高骈转任荆南节度使兼盐铁运转使。此后，他们以集中优势兵力攻打义军为作战方针，积极展开了对王仙芝义军的围剿行动。

一个月后，义军抵达黄梅（今湖北黄梅西北）时，陷入了曾元裕的包围圈。经过一场激烈交锋，义军五万多人阵亡，王仙芝也在反攻时战死。义军余众一部渡江转移到江南，另一部则由尚让率领投靠了黄巢，继续坚持反对唐朝统治的斗争。

王仙芝从起兵反唐到战败身亡，共三年。他异军突起，以"平均"为口号，调动了农民反对唐朝黑暗统治的积极性。但他没能经受住胜利的考验，面对朝廷的高官厚禄摇摆不定，结果不仅减弱了义军的战斗力，也削减了义军实力，结果必然失败。不过，也正是因为他率先起兵，各地才掀起了斗争浪潮，加速了唐朝的衰亡。从这一点来看，王仙芝的功绩是毋庸置疑的。

▲（唐）青釉刻芦雁纹执壶
质地为瓷。此壶保存完好，短流，撇口，丰肩，是典型的唐代器型。胎灰白，釉薄透明，青中泛绿，釉面与器底相接处见黄褐斑，釉面薄处可见闪黄，壶上有精美的鸭戏水图案，图案对称，施满釉，通体见细小开片，是迄今唐代所能见到的最精美的瓷器之一。

唐纪 下

大将军黄巢

唐代末期，朝纲败坏，国势日衰，唐宣宗虽有一定作为，但终究无力回天。宣宗死后，相继即位的懿宗、僖宗骄奢淫逸，致使朝政腐败不堪，再加上赋役沉重，政府、官僚、地主对农民多重盘剥，终于使得各地农民起义运动风起云涌，并诞生了一批著名的义军领袖。而黄巢便是诸多起义军首领中最为有名的。

揭竿而起，反抗大唐

黄巢，曹州冤句（今山东曹县西北）人，自幼喜好读书，聪颖敏捷，长于舞剑骑射。他曾多次参加科举考试，但都名落孙山。唐朝末年，统治者荒淫误国，朝纲败坏，民众苦不堪言。基于此，黄巢决意发动武装起义，以反抗唐朝的暴虐统治。

875年，王仙芝在濮阳高举义旗，率先起兵反抗朝廷。不久，黄巢也召集数千民众在冤句响应。后来，两支起义军在曹州会师，黄巢被推举为二把手。因起义军有广泛的群众基础，他们一开始就攻取了附近的很多州县，队伍也很快发展壮大到几万人。随即官军与义军在中原展开了一场激烈的围剿与反围剿的交锋。

黄巢趁官军疲于应战之机，率军转战河南，逃出了官军的包围，进而取得反攻大捷。唐朝上层统治阶级见围剿没有效果，就改用招安的办法。这时，王仙芝打算接受招抚，黄巢对他破口大骂。两人和解后，起义军开始分兵作战，一路由王仙芝统率，向陈州、蔡州等地挺进；一路由黄巢率领，北上齐、鲁。878年，王仙芝战死沙场。

随后，黄巢率义军一口气夺下汝州，然后装出一副准备攻打洛阳的样子。而当朝廷集中兵力镇守洛阳时，义军则突然一路南下，攻打江淮要塞扬州。如此，他们以流动作战的方针，在敌众我寡的不利形势下，避敌主力，连连取胜，并逐渐变被动防御为主动进攻。

878年，黄巢率领义军从濮州出发，直逼东都洛阳。朝廷急忙将曾元裕的军队调离襄州，支援洛阳。曾元裕率军北上，这正中了黄巢的下怀。曾元裕率军撤离使得长江防线无人把守，义军就可

◀仙霞关

为浙闽赣三省要冲，素有"东南锁钥""八闽咽喉"之称。唐乾符五年(878)，黄巢起义军转战浙东，经这里进入福建。现存四道关门，五公里麻石垒砌的古道，至今还保存着全国唯一完整的黄巢起义相关遗址。

以畅通无阻地向南进发。黄巢率义军乘长江防线空虚之际，南下江淮，渡过长江，扫荡江西，集中兵力进逼宜州。

879年春天，黄巢率军攻取福州。义军讲究作战策略，为争取封建知识分子的参与和支持，做了很多努力。当时，军中流传一首民谣："逢儒则肉，师必覆。"义军总是会把所擒获的"儒者"释放。

同年秋天，黄巢率军攻打南方要塞广州。在出战之前，他托人给节度使李迢写了一封信，表示若朝廷封他天平军节度使之职，他就撤兵休战，情愿归降朝廷，然而朝廷只肯封他做七品官职。黄巢知道后，十分气愤，一气之下率义军夺取了广州，并布告天下，义军即将北上，质问朝廷，清除宦官。同时，黄巢还严肃义军军规，强调对贪污受贿的统帅和地方官，都以灭其全族处置。这些严明的法规，得到了民众的支持，在北上的战斗中，产生了积极的影响。

转战南北，兵败自杀

880年冬天，黄巢率军从南方出发一路北上，攻取洛阳，当地百姓夹道欢迎义军。随后，义军决定挥兵直捣唐都长安。

黄巢继续向西挺进，攻打陕、虢二州，直逼长安的东大门潼关，沿途将官军全部击溃，吓得唐僖宗也从开远门向南出逃骆谷。黄巢率义军进入长安时，同样受到民众热烈欢迎。

然而，黄巢夺取长安后安于胜利，没有及时处理几个关键问题：一是没有乘胜追击，抓住僖宗；二是没有消灭官军残余的反动势力；三是没有制定明确的政治、经济纲领；四是没有建立稳固的后方根据地。长安失陷后，关中诸镇加固防御工事，把四周的居民和物资全部转移，对义军

实施封锁，局势开始变得非常不利。

881年，黄巢在长安含元殿称帝，定国号"大齐"，改元"金统"，颁布赦令。882年，大齐的同州（今陕西大荔）防御使朱温背叛义军投靠唐朝廷，同时沙陀人李克用率军一万南下，攻打义军。黄巢认为死守长安于己不利，就挥军东撤。可在撤离过程中，他又出现了指挥上的失误，没有向官军防守力量薄弱的东南方向退，而是向藩镇势力强大的北方撤去，致使义军落入强敌包围圈中。在进攻陈州时，义军先锋大将孟楷战死。黄巢因一时冲动而鲁莽行事，居然为报孟楷之仇，下令全军围攻陈州达一年之久。这就为官军积蓄力量，实施下一步作战计划创造了机会。

884年春，唐朝廷派李克用再次南下围剿义军，黄巢被迫率军北逃。后来，在官军追剿下，黄巢逃到泰山，兵败自刎。就这样，历时九年的唐末农民起义最后以失败告终，但它对中国历史产生了深远影响。

▲（唐）五足镂花铜香薰
此香薰造型为五瓣花式，口有折边，深直壁。器底平，有五只兽足，足上加饰人面。盖钮呈花苞状，盖面上有镂空花纹、四叶纹以及云纹饰样。这种云纹是唐代典型的云纹式样，常出现于唐三彩、唐金属器皿的工艺品上，极富飘逸美感。

唐纪 下

昭宗壮志成空

唐昭宗名李晔,是唐懿宗的儿子、唐僖宗的弟弟。昭宗胸怀大志,一心想有所作为,重振大唐雄威。但这时的唐朝已实力衰微,名存实亡,甚至随便哪个藩镇都可以轻而易举地将其消灭,所以昭宗想要实施的改革措施根本无法推行,他注定难以如愿以偿。

四处流亡,惨遭囚禁

887年,黄巢起义被镇压后,邠宁节度使朱玫又起兵反叛,攻入长安。僖宗不得不再次出逃,神策军将领宋文通陪护僖宗往凤翔避难,杀退了朱玫追兵。后朱玫被部将所杀,宋文通保护僖宗回长安,中途遭凤翔节度使李昌符军阻拦,宋文通率兵奋力抵抗,将李昌符军全部歼灭。唐僖宗因宋文通护驾有功而封他为节度使,并赐他李茂贞之名,李茂贞自此开始割据称雄。

僖宗病重,他的儿子年龄尚小,因此朝臣们一致拥护吉王李保继位,而宦官杨复恭主张封立寿王李杰。寿王即后来的唐昭宗,与僖宗一母同胞,多次陪同僖宗出逃。杨复恭以立嗣之事上奏僖宗,这时,僖宗已不能开口,只是微微点头以示赞同。888年春,僖宗诏立寿王李杰为皇太弟,监军国事。僖宗死后,李杰即位,更名为晔,即唐昭宗。

唐昭宗即位后,各地藩镇势力都抓住镇压农

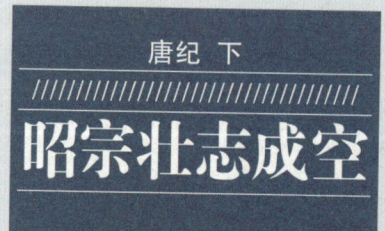

▲(唐)善业泥佛像
善业泥佛像是唐初佛教兴盛的产物,形式上有上圆下方、长方形和正方形几种。颜色分为纯青和纯红。此尊泥佛像正中装饰为罗汉,罗汉像旁边有几个弟子。此泥佛像虽无文字,但从制作风格可判断其为善业泥。

民起义的时机，积极扩张势力范围。昭宗打算大力扩充军备，引起了诸藩镇势力的猜疑。

893年夏，李茂贞写信给昭宗，他在信中挖苦说唐朝廷无能。唐昭宗看完以后火冒三丈，正欲下诏征讨李茂贞，宰相杜让能连忙劝谏阻止，认为国难未定，不好兴兵。昭宗破口大骂："居然没有人服从命令，这个残局，我怎能坐视不管？你只需为我调集军队，输送粮饷，我派人领兵出战，胜败都不关你的事。"最终，朝廷遵照昭宗旨意发兵攻打李茂贞，却被打败，李茂贞兴师进入长安问罪。宰相杜让能无奈，最终以自己的性命为昭宗排难。此后，朝臣们逐渐疏远昭宗。

895年，李茂贞唆使宦官将宰相崔昭纬杀害，又一次将兵锋直指长安。昭宗被逼无奈，只好逃往河东寻求李克用的保护。可是，昭宗逃至半路就被李茂贞的同伙韩建劫持，并被囚禁于华州。在昭宗被囚禁的近三年时间里，不少皇族成员被杀害。

藩镇乱政，无辜被弑

898年，朱温率军占领东都洛阳，天下局势发生了很大的改变。基于此，李茂贞、韩建和李克用为了不让大唐落入朱温之手，决定放昭宗回长安。同年夏，昭宗终于回到长安。

昭宗回到长安后，宦官和官僚之间的矛盾日益尖锐。大宦官刘季述领导的宦官集团负隅顽抗，犹做困兽之斗。他们谋划废掉昭宗，改立太子。900年冬，宦官们将昭宗关押在少阳院，因怕昭宗逃走，又将铁熔化后浇在门锁上，只是每天为他送饭。

宦官们因害怕李克用、李茂贞等人兴师问罪，就把累赘昭宗扔给朱温。朱温不想失掉在政治斗争中的有利地位，就派人将参与政变的宦官们全都杀死，并于901年重新拥护昭宗复位。昭宗复位后，改元天复，封朱温为东平王。

李茂贞得知昭宗复位后，赶忙从凤翔赶到都城长安，他没有丝毫功劳，居然有恃无恐地请求昭宗加封他为岐王。随后，宰相崔胤试图借助朱温的力量消灭宦官，大宦官韩全诲则和李茂贞联手，派重兵防守京城，护卫京师长安。

半年后，朱温征讨韩全诲，韩全诲挟持昭宗逃到凤翔。朱温领兵穷追不舍，包围凤翔城。这次围困长达一年，城内粮草已绝，饿殍随处可见。

当时，唐昭宗的日子也过得十分艰难，他在宫中有个小磨，靠它每天磨豆麦熬粥喝。宫中每天都有人饿死，百姓的生活更是悲惨。

903年正月，李茂贞坚持不下去了，他在和昭宗商量后，将韩全诲等宦官统统杀死，然后把他们的人头送给城外的朱温，同时将昭宗也交到朱温手上。于是，朱温带着昭宗撤退了。

回到长安后，朱温派人将昭宗身边仅有的几百名宦官驱逐到内侍省，并在那里将他们全部杀死。自此，困扰中晚唐的宦官问题终于得以解决。但昭宗也从此完全被朱温操控，开始了苟且求生的生活。904年正月，朱温置朝臣的强烈反对于不顾，下诏将都城迁至洛阳，还让长安城内的居民也按户口一同迁出，致使长安出现骚动不宁、哭声震天的情景。鉴于此，太原李克用、凤翔李茂贞和西川王建等联合发兵征讨朱温。而昭宗自从离开长安后，整日与皇后、妃子们饮酒消愁。

同年夏，朱温命手下杀了昭宗。昭宗死时才三十八岁。

纵观昭宗的一生，他主观上很想革除弊政，有一番作为，但大唐可谓积重难返，已是名存实亡，昭宗亦无能为力，所以他的失败是在所难免的。

唐纪 下

末代傀儡唐哀帝

唐昭宗死后，年仅十三岁的唐哀帝继位。哀帝名李柷，原名李祚，是唐昭宗第九子。此时，大唐国土已被诸藩镇分割得所剩无几。作为大唐王朝的最后一代皇帝，唐哀帝也只能眼睁睁地看着江山毁于一旦，根本无力回天。

幼年即位，形同傀儡

李柷出生于892年，897年被册封为辉王，903年升任开府仪同三司兼充诸道兵马元帅。904年，昭宗被谋杀后，大臣蒋玄晖矫诏拥护李柷继位，是为唐哀帝。

哀帝即位后，尊奉母亲何皇后为皇太后。905年春，朱温派蒋玄晖约请哀帝的兄弟德王李裕、棣王李祤、虔王李禊、琼王李祥、沂王李禋、遂王李祎、景王李祕、祁王李祺、雅王李禛等人到洛苑九曲池参加宴会。宴会正进行时，突然涌进来一群士兵，他们手执粗绳、大刀，将诸王全都杀死，然后将他们的尸首扔进了九曲池。

哀帝得知兄长和弟弟们被朱温杀害的消息后，十分哀伤，可他却不敢放声大哭。从此以后，只剩他和母后相依为命了。

905年冬，何太后见野心勃勃的朱温觊觎皇位已久，便担心她们母子的生命受到威胁。一日，她派人请来朱温的亲信蒋玄晖，请求他能在哀帝让位后保全她们母子性命。

朱温的另一个亲信知道这件事后，就到朱温面前诬陷蒋玄晖说："蒋玄晖私自设

▼（唐）坐龙

这件铜龙为蹲坐状。头向左斜，张口，牙已残断。颈部有一火焰珠装饰。前腿直立，后腿曲踞，尾穿过后腿裆向上卷至腰部。躯干有鳞片，前肢五爪，后肢三爪。由于铜龙是蹲坐的，故也被称作"坐龙"。

▶▶ 唐纪 下·后梁纪·后唐纪·后晋纪·后汉纪·后周纪　▶▶ 唐纪 下

宴会，烧香盟誓要力保太后母子，恢复大唐统治。"朱温听后，马上派人杀死了蒋玄晖。没过几日，朱温又派人杀害何太后，然后，迫使哀帝下令废掉已死的太后，将其贬为庶人。

唐哀帝在位时，本人几乎没下达过任何有实际意义的政令。那些诏令，其实都是以他的名义，依照朱温的心意下达的，正是"时政出贼臣，哀帝不能制"。他连上朝听政的权力都被朱温以各种理由剥夺。哀帝唯一能做的，就是一切都听从朱温的安排，朱温借此逐步巩固政治地位，树立威信。

奸贼当道，无力掌权

905年夏，朱温将当朝重臣全部斩杀，并把他们的尸体扔到了河里。至此，朱温已经基本消除了他夺位称帝的阻力。

同时，朱温还很敌视文人学子。一次，他领兵经过一棵大柳树，坐在树下休息时，自顾自地说道："这棵柳树可以用来做车轮。"属下无人搭话，而同在树下休息的文人却应和道："的确可以做车轮。"朱温一听，大声呵斥道："文人都爱信口开河，榆木才能做车轮，柳木如何能做车轮！"说完，令属下杀死了应和他的人。

905年秋季，唐哀帝赐他的乳娘杨氏为昭仪，封乳娘王氏为郡夫人。这一举动遭到了朱温及诸宰相的否

▲（唐）彩绘陶人面镇墓兽
辽宁朝阳唐墓出土。

决,他们说:"历朝历代从来没有封乳娘为夫人或授予内职的例子。我们应遵循旧规,不可私自更改。汉顺帝因封乳娘宋氏为山阳君、安帝乳娘王氏为野王君,而遭朝臣非议。我等认为,在目前的这种情况下,如果您想赐封爵位,应该依照前朝旧例,封杨氏为安圣君,王氏为福圣君。"哀帝无奈,只得顺从。

一个月后,朱温为避讳祖父朱信和父亲朱诚的名字,下令将成德军更改为武顺军,其管辖的藁城县改名藁平,并改信都为尧都,阜城为汉阜。朱温为避讳父祖的名字而改地名,可见他的不臣之心已昭然若揭。

905年冬,哀帝打算拜天祭祀。当时,各衙门已为举行祭祀仪式做好了各种准备,宰相也已经下到南郊坛演习礼仪。朱温知道之后十分不悦,认为祭拜天地是想延长大唐国运。参与祭祀的大臣都很害怕,就以改期为由,取消了祭祀之事。

后来,哀帝加封梁王朱温为相国,继而又晋封他为魏王,同时兼任原来的诸道兵马元帅、中书令等职务。此外,哀帝还特批他上朝不用行跪拜礼,上殿可以佩带刀剑。这等殊遇,就连汉初相国萧何和汉末丞相曹操都不曾享有。

大唐末帝,被废身死

唐哀帝孑身一人住在皇宫,周围都是朱温派来监控他的人。没多久,大臣柳璨和张廷范也被朱温杀害。

907年春,朱温胁迫唐哀帝让位,自立为皇帝,并改国号为梁,即历史上的后梁。随后,朱温废封哀帝为济阴王,并将他安顿在开封以北的曹州(今山东菏泽),即其心腹氏叔琮的府邸所在。

太原李克用、凤翔李茂贞和西川王建等均不认可后梁,依然奉唐朝为主。朱温害怕已废的皇帝在各地藩镇的拥护下会再次威胁自身的利益。为免除后患,908年春天,朱温命人将哀帝毒死,当时哀帝年仅十七岁。其后,朱温追封他为哀皇帝,并以王侯之礼将他埋葬在济阴。

唐哀帝即位时,唐朝已经支离破碎,任谁也难以挽回衰颓之局势。而哀帝身为大唐的最后一代君主,如傀儡般地过了他短暂的一生,这是他的悲哀,也是身处那个时代不可避免的悲剧。

◀(唐)银鎏金錾花花鸟纹花口碗
质地为银。此碗呈花口,鎏金,外壁錾刻花鸟纹饰,工艺考究。

少年读全景资治通鉴故事 6

唐纪 下·后梁纪·后唐纪·后晋纪·后汉纪·后周纪

后梁纪·后唐纪·后晋纪·后汉纪·后周纪

公元907年~公元960年

少年读全景 资治通鉴故事 6

▶ 唐纪 下·后梁纪·后唐纪·后晋纪·后汉纪·后周纪　　▶▶ 后梁纪·后唐纪·后晋纪·后汉纪·后周纪

后梁纪·后唐纪·后晋纪·后汉纪·后周纪

朱温称帝

中晚唐时期，藩镇割据，严重削弱了中央政权。907年，节度使朱温灭唐称帝，并改国号为梁，是为后梁。中国社会由此进入割据纷争的时代——五代十国时期。

始作俑者，朱温称帝

朱温本属唐末黄巢起义军的一部，他作战勇猛，功绩卓著。起义军占领长安之后，黄巢建国称帝，任命朱温为同州防御使。后来朱温向唐朝投诚，唐僖宗非常高兴，封他为左金吾大将军、河中行营副招讨使，还赐名"全忠"。朱温的叛变使得黄巢大受打击，很快就败亡了。

唐昭宗即位后不久，就被宦官刘季述等人软禁。朱温联合宰相崔胤，进入皇宫消灭了刘季述等人。于是昭宗就封其为梁王，朱温的地位愈加巩固。后来，昭宗又被宦官韩全诲与节度使李茂贞挟持到了凤翔。朱温兵临城下，将昭宗接回了长安。此时的昭宗虽然名义上仍是国君，但实际已被朱温掌控。

904年，朱温将昭宗挟持到自己的地盘洛阳软禁了起来。不久，朱温命人杀死昭宗，将年仅十多岁的小皇子李柷立为傀儡皇帝，是为唐哀帝。907年，朱温受禅称帝，改名为"晃"，改元开平，国号梁，史称后梁，朱温是为后梁太祖。后梁定都开封，以开封为东都，洛阳为西都。

唐末帝王软弱无能，宦官干政专权，藩镇割据日渐严重。皇帝们多次逃出都城避难，地方节度使纷纷称王。朱温作为势力最为庞大的一方军阀，终结了唐王朝，建立后梁，揭开了五代十国的序幕。

安邦定国，整顿军队

朱温虽然做了皇帝，但地方割据的形势并没有太大改变，不少军阀联合起来反对他。其中，晋王李克用的实力最强，他实际上已成为反对朱温势力的领袖。为了稳定局面，朱温在政策上进行了调整。

朱温不再单纯注重军事力量的发展，而是开始鼓励耕作，发展生产，并出台了一些休养生息的政令。这些做法促进了中原地区经济的复苏，也使得社会慢慢安定下来。同时，为便于地方官

▲（后梁）赵嵒《八达游春图》（局部）
本幅为绢本人物画，笔触细腻，人物、马匹回首顾盼，鲜活生动。作者赵嵒为后梁太祖女婿，善画人马，精于鉴赏。本幅题为"八达"，不明所指，或为达官贵人之意。

员正常行使职能，朱温规定地方官员的职权高于地方军事将领，可以对后者实施监管。此外，朱温吸取唐亡的教训，对高级将领严格管理，只要有人表现出异心，就尽快将其斩杀或监禁，以防发生叛乱。

朱温还对军队进行了整饬，申明纪律，以增强战斗力。他将李克用作为重点打击对象，数次征伐。当时的泽州、潞州是进入晋地的要冲，具有突出的军事地位。907年，朱温遣康怀贞领兵八万攻击潞州，但遭到惨败。朱温撤掉康怀贞，遣李思安前去攻打，仍然无法攻克。于是朱温又以刘知俊替代李思安，依然被李克用的儿子李存勖打败，梁军伤亡惨重。

两年之后，朱温把都城迁到了洛阳。对晋军作战的失败，使朱温对将领的不信任感日渐增强。他杀掉了守卫长安的王重师，还灭其九族。此举使守卫同州的刘知俊心惊胆战，于是就投靠了岐王李茂贞。朱温还疑心已经臣服于自己的赵王王镕与李存勖私下往来，就派遣王景仁前去攻打他，王镕遂请求李存勖救助，李存勖借机向东进军攻梁，于柏乡大胜梁军，歼敌两万，缴获无数钱粮。

滥杀无辜，荒淫成性

除了猜忌臣下，嗜血成性也是朱温失败的原因之一。895年，他曾与朱瑄在巨野激战，取得大胜。朱瑄所部大都被杀，有三千余人被俘。朱温清理战场时见狂风大作，认为是杀人不足所致，就命人将所俘敌军统统杀掉。

朱温杀戮的对象既包括敌人，也包括自己的兵将。他以十分严苛的手段管理军队：若将领在战斗中阵亡，其部属要与之一同赴死；若胆敢退回，则一概处死。因此将领阵亡后，兵卒只能逃

▲（后梁）关仝《秋山晚翠图》（局部）

关仝（约907~960），五代后梁画家，在山水画的立意造境上能超出同时代画家荆浩的格局，从而显露出自己的独特风格。关仝喜作秋山、寒林、村居、野渡、幽人逸士、渔村、山驿等相关景致，能使观者如临其境。他的画风格朴素，形象鲜明突出。在这幅《秋山晚翠图》中，崖壁陡峭，下临流水，高耸的峻岭直顶苍天，放眼望去，好像山石满ības。山中枯黄的树叶，更渲染出了秋季清冷静谧的气象。整幅画使观者如临深林之中，全无尘俗之气。

跑。朱温还在兵卒的面部刺字，假如他们逃跑，被捉住了就只有一死。

此外，朱温的淫乱无道也是尽人皆知。起初，其妻贤淑明理，对他尚且有所管治。妻子身故之后，朱温就开始寡廉鲜耻地纵情声色。

912年，朱温身染重疾。是年，其子朱友珪发动宫廷政变，将其杀死。

唐纪 下·后梁纪·后唐纪·后晋纪·后汉纪·后周纪 ▶▶ 后梁纪·后唐纪·后晋纪·后汉纪·后周纪

后梁纪·后唐纪·后晋纪·后汉纪·后周纪

李存勖建后唐

李存勖为唐末的地方军阀，乃晋王李克用之子。李克用死后，他承袭了晋王之位，此后开始大肆扩张势力范围，最终在923年灭掉了后梁，于魏州称帝，建立后唐。李存勖军功卓著，但欠缺治国之才。他当上皇帝之后，沉迷于戏曲，终日与伶人为伍，最后也死于伶人之手。欧阳修在《新五代史》中这样评价他："故方其盛也，举天下之豪杰，莫能与之争；及其衰也，数十伶人困之，而身死国灭，为天下笑。"

幽州为根据地的刘守光意欲借机抢夺镇州、定州，李存勖遂转而抗击，仅用两年时间就平定了幽冀之地，俘获并杀掉了刘守光。

915年，后梁魏博地区发生叛乱，叛乱兵卒归降了李存勖。

建后唐、灭后梁，军功赫赫

李存勖字亚子，是晋王李克用之子。他从小就热衷骑射，勇猛无比，因此深得其父喜爱，很早就随父外出征战。

李克用在唐末地方军阀中的地位比较突出，其地盘在太原一带。他趁着军阀混战，将自身的势力范围逐步扩大，并在895年被唐朝册封为晋王。朱温取代唐朝建立后梁之后，李克用依然使用唐朝年号，与朱温对立。但就在朱温当上皇帝的次年，即908年，李克用便因病身亡了，这时，只有二十四岁的李存勖承袭了王位。

李存勖对朱温的作战以胜利居多。他连续出击，攻克邢州、魏州、博州、卫州等地，势力范围直抵黄河以北。之后，以

▶《五代丹枫呦鹿图轴》
作者佚名。使用了类似西方的光影艺术来表现鹿的立体感。

▶▶ 唐纪 下·后梁纪·后唐纪·后晋纪·后汉纪·后周纪　　▶▶ 后梁纪·后唐纪·后晋纪·后汉纪·后周纪

（后唐）《庄宗击鼓图》
李存勖，五代时后唐的开国皇帝。他称帝后沉迷于戏曲，宠幸伶人，导致军队离心离德，后被李嗣源夺权。

李存勖因此据有魏州，并担任魏博节度使。随后，他又将德州、澶州、卫州、洺州、邢州等收入自家版图，之后又不费一兵一卒就获得了相州、沧州和贝州。

最终，李存勖于923年在魏州称帝，定国号为唐，是为后唐，意在说明其上承李唐王朝，反对后梁实属天经地义。李存勖即后唐庄宗。

称帝之后，李存勖继续向后梁发动进攻，最后攻陷了后梁都城，迫使梁末帝自刎而死。灭后梁后，李存勖将开封府降为汴州，后来又把都城定在了洛阳。

亲伶人、重宦官，治国乏术

李存勖英勇果敢、胸怀韬略，具有卓越的军事才能。此外，他还爱好声乐，通晓音律，精通戏曲。可惜的是，他缺少治国之才，结果只在皇帝宝座上待了短短几年就被杀了。

宠信伶人是李存勖失败的原因之一。由于喜好戏曲，这位皇帝甚至时常和伶人同台演出，伶人由此骄横跋扈，肆意妄为，甚至参与决策军政大事。

除了重用伶人，李存勖还格外信任宦官。将都城迁往洛阳后，他步唐末皇帝的后尘，起用宦官担当要职。有的宦官甚至担任了监军一职，具有监管军中将领的大权。

此外，李存勖的皇后刘氏贪恋钱财，吝于施舍，还干涉政事，搞得后唐朝廷混乱不堪。有一次，大将郭崇韬被宦官诬告谋反，李存勖还在考虑如何处理，刘皇后就擅自下令将郭崇韬杀掉了。此后，事情又波及大将朱友谦与其部将史武等七人，结果他们都被灭了九族。这使得军民义愤，人心动摇。部分将领为了给郭崇韬、朱友谦等人复仇，举兵攻唐，可是都遭到了镇压。

驻扎在魏博的部队是李存勖的精锐之师，在进攻后梁的时候发挥了极其重要的作用。但李存勖却猜疑他们，结果引起了他们的叛乱。叛军很快就攻陷了邺都。紧急关头，李存勖只好任用他并不信任的李嗣源前往平乱。可是跟随李嗣源前去平乱的军队刚到邺都也叛乱了，他们拥戴李嗣源为首领，进攻汴州。李存勖知道后，带领两万五千人向汴州进发。半路上听说汴州已被攻陷，只得无奈地下令退兵。此时军心已经涣散，士兵在半路上不断逃跑，军队在这种情况下，勉强返回了洛阳。不久，担任亲军指挥使的伶人郭从谦作乱，攻入皇宫。在混乱之中，四十三岁的李存勖死于流矢之下。

李存勖勇力与智谋超群，长期纵横疆场，后来扫平黄河以北，立唐灭梁。然而，他没有守护国家社稷的才干，无心政务，骄奢放纵，最终在建国三年之后败亡。

后唐明宗李嗣源

后梁纪·后唐纪·后晋纪·后汉纪·后周纪

李嗣源为李克用的养子，是李存勖建立后唐的重要功臣，但由于其功勋危及了皇帝的地位，所以不被李存勖重用。他后来举兵反叛，做了后唐的第二位皇帝，是为后唐明宗。李嗣源了解李存勖败亡的原因，所以他为政宽仁，鼓励发展农业，是五代时期不多见的有为之君。司马光在《资治通鉴》中评价他："在位年谷屡丰，兵革罕用，校（较）于五代，粗为小康。"

程度上扭转了战局。然后，他献策西进，攻击汴州。

后来，他率领大军首先攻入梁都，迫使梁末帝自刎，从而消灭了后梁。在灭梁的战争中，李嗣源可谓厥功至伟。

后梁灭亡后，李嗣源继续向北进攻契丹。925年，他第二次率军打败契丹，成为镇州节度使。由于功绩太大，李存勖对他逐渐产生了猜忌。

智勇双全，忠心护主

李嗣源原名邈佶烈，是沙陀人。他从十三岁起就在李克用的父亲李国昌军中效力。因其在战场上表现英勇，遂受到赏识，成为李克用的养子，并被李克用赐名"李嗣源"。李嗣源精通骑射，为人质朴温厚，沉默寡言，严谨细致。十七岁时，他参加上源驿之战，不顾个人安危救了李克用的性命，因此愈发得到重用，成为侍卫队长。

李嗣源虚怀若谷，不恋富贵，又能够宽以待人。他常常率领属下修缮武器，筹备粮草，遇有封赏，则分发给众人，因此深受部下的拥护。

李存勖成为晋王之后，继续攻击朱温，李嗣源在战争中屡立奇功，被擢升为安国军节度使。

后来，契丹军队攻打幽州，李嗣源又主动请缨，率军退敌，被加封为检校太保。

923年，李嗣源被任命为横海军节度使。时逢唐、梁大军在黄河两侧对垒，部分梁军猛攻泽州，而晋军将领李继韬又献出潞州向对方投诚，切断了唐军的补给路线。千钧一发之际，李嗣源出其不意，攻克郓州，捕获敌将王彦章，在很大

▲（五代）彩绘木塔

塔高68厘米，呈八角形，塔顶及塔身每面都彩绘菩萨三身。每个转角梁上插一块木牌，上有彩绘菩萨。据记载，出土时塔内装有一座银塔，上刻"于阗国大师从德"字样，可惜银塔已不知下落。

▶ 唐纪 下·后梁纪·后唐纪·后晋纪·后汉纪·后周纪　　▶ 后梁纪·后唐纪·后晋纪·后汉纪·后周纪

926年，魏州赵在礼发动叛乱，李嗣源领李存勖之命去平乱，可是他不久便迫于形势跟叛军联合，挥师进攻洛阳。不久，李存勖在宫廷政变中死去。李嗣源进入洛阳，在李存勖的灵柩前登上了帝位。

革除弊政，休养生息

李嗣源登基之后，取缔了李存勖制定的各种不合理政策，让百姓休养生息，效果比较显著。

他一上台就剥夺了伶人与宦官的权力，并命令地方节度使诛杀宦官和伶人。他还大幅削减宫中人数，只留下内职一百人，宦官三十人，教坊一百人，鹰坊二十人，御厨五十人，其余则另谋生路。这样不仅减轻了国库的负担，而且消除了政治上的不稳定因素。

李嗣源还严厉打击行为不端的官吏，即使是重臣也绝不姑息。许多贪官因此遭到了罢免或诛杀。

在农业上，李嗣源鼓励生产，降低赋税，并下令大力推广铁制农具，从而使人民的生产水平得到了较大提高。

在李嗣源实施的这些利民政策的推动下，中原地区的农业生产较以往有了很大的进步，基本上年年都有好收成。由此，后唐社会安定下来，百姓们大都过上了安稳的生活。

瑕不掩瑜，乱世明君

李嗣源在位七年多的时间里，由于实施了利国利民的政策，国家出现了欣欣向荣的景象。《资治通鉴》写道："在位年谷屡丰，兵革罕用，校于五代，粗为小康。"可是，李嗣源却未能很好地管制臣下。枢密使安重诲自恃功高，独断专横，宰相任圜跟他相互对立，两人常常在朝堂上大声谴责对方。后来安重诲捏造任圜意图谋逆的罪名，假传圣旨杀了任圜。李嗣源却对此缄默不语。

另外，李嗣源一直未能确立储君。他希望皇子李从荣继承自己的王位，但又不册立他为太子，这使得群臣不知如何是好，李从荣心中也忐忑不安。933年，李嗣源染疾，李从荣担心自己无法继承皇位，就领兵入宫，意图夺权，被枢密使朱弘昭等打败并杀掉。李嗣源因此悲痛万分，于是把宋王李从厚召入宫中侍疾，并确立他为继承人。其后不久，六十七岁的李嗣源就去世了。

▲（五代）青釉莲纹执壶
质地为瓷，此壶器型周正，釉色光亮。

后梁纪·后唐纪·后晋纪·后汉纪·后周纪

"海龙王"钱镠

五代十国时期，中原地区政权频繁更迭，而南方的吴越政权却维持了很长一段时间。该政权由钱镠于904年建立，到978年才灭亡。钱镠当政时，把大部分精力用在了民生而非兵革之上。他建造水利工程，治理钱塘江，被人称为"海龙王"。在其治下，吴越地区社会稳定，经济发达。比起当时战火纷飞、民生凋敝的其他地区，吴越之地可谓是一方乐土，钱镠也因此在诸位帝王之中显得卓尔不凡。

占据浙江，吴越称王

钱镠，字具美。他早年家境贫寒，以贩卖私盐为生。

875年，浙西王郢反叛朝廷，董昌在乡间募集士兵前去平乱。钱镠应募投军，入伍参加战斗，并取得胜利。没过多长时间，黄巢的部队计划攻打杭州。钱镠先是伏击了对方的先遣队伍，接着用计保护杭州免于战火，得到了董昌的赏识。后来，董昌被任命为杭州刺史，他便将下属县城的部队整编为八部，让钱镠掌管。

882年，越州观察使刘汉宏对董昌发动攻势。钱镠带领八部士兵泅渡钱塘江，袭击刘汉宏之弟刘汉宥，并将其击败。然后，钱镠与刘汉宏在诸暨、萧山交战，取得大胜，并趁势占领了越州。刘汉宏奔逃至台州，不久被抓获并处死。董昌顺理成章地当上了越州观察使，钱镠也成了杭州城的主人。

之后，钱镠不断发展实力。唐昭宗登基之后，任命钱镠为杭州防御使。钱镠一方面进行武力扩张，一方面不断收买人心。

当时，其麾下聚集了很多文武人才，成及就是其中一个，他是钱镠的主将，经常为钱镠出谋划策。钱镠为了让成及一心为自己效力，就跟他做了儿女亲家。

893年，钱镠被提升为镇海军节度使、润州刺史，第二年还被封为同中书门下平章事。又过了一年，董昌在越州称帝，钱镠被朝廷任命为浙江东道招讨使，奉命讨伐董昌。开始，他劝董昌投降朝廷，但遭到回绝。随后，钱镠使用离间计，使对方内耗，最终将董昌军完全击溃，并生俘董昌。

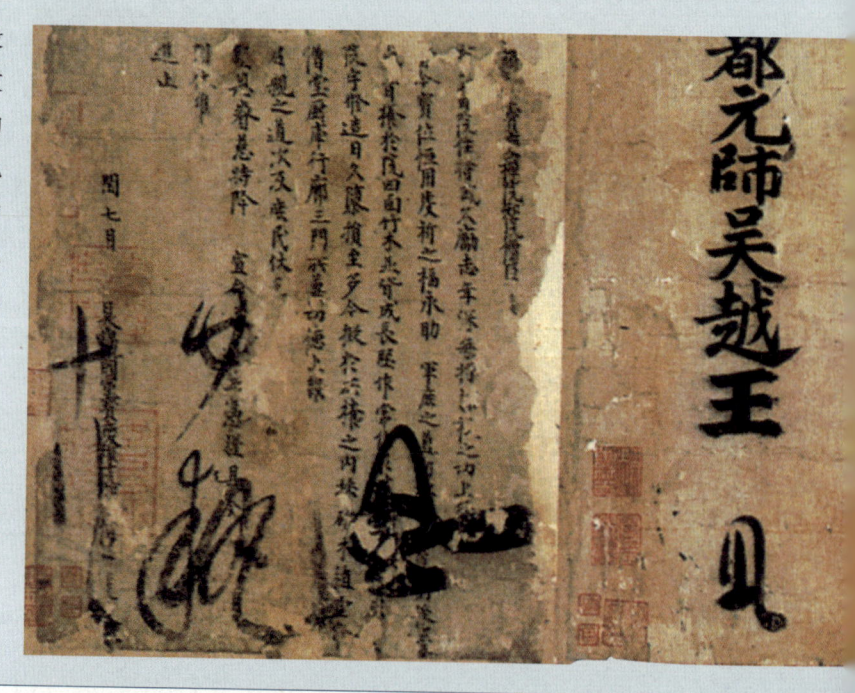

▶ 唐纪 下·后梁纪·后唐纪·后晋纪·后汉纪·后周纪　　▶ 后梁纪·后唐纪·后晋纪·后汉纪·后周纪

董昌被消灭之后，钱镠就占领了越地。他还凭借军功获得唐朝皇帝的赏赐，被封为越王，后来又成为吴王。如此一来，钱镠成为吴越实际上的统治者，吴越之地成为独立王国。

兴修水利，钱塘射潮

成为一方霸主之后，钱镠开始显露出骄傲自满的情绪，并追求奢华的享受。其父对此很看不惯，常常故意不与之相见。钱镠很不解，就找机会问父亲何故如此。父亲说："我们钱家祖祖辈辈皆以渔耕为生，向来不知奢侈华贵是何滋味。如今你当上了大官，周围已经有很多对手了，这时你却炫耀财富和地位，我担心家里将来会遭到不幸啊。"钱镠马上明白了自己的过错，立即悔改。此后，他便把为百姓谋福利作为自身的主要任务，并取得了显著的功绩，其中最为著名的就

▲ （五代）越窑青瓷托杯
此杯敞口斜壁，托盘花口出棱，下承喇叭口高足，釉色青灰，釉面薄匀透明，釉层细腻光亮。整个杯子制型极为工巧，是越窑中极为少见的佳器，堪称上乘之作。

▼ 钱镠、钱俶批牍合卷（局部）
图为钱镠、钱俶批牍合卷的前段局部，是吴越王钱镠给崇吴禅院寺僧嗣匡的牒文，书写于五代后梁龙德二年（922）。

是建造水利工程，治理钱塘江。

910年夏天，钱镠启动了钱塘江的修筑工程，他亲临现场统筹调度。可是潮水猛烈，经久不息，延缓了堤坝的修筑进度。后来，钱镠与军民将粗大的竹竿剖开，造出大型的竹笼，置入巨石，投入钱塘江中，以便缓解潮水的冲击力，保护堤坝的安全。他们还找来巨木，立于江中，这样终于驯服了肆虐的潮水。日子久后，泥沙渐渐在竹笼、巨木周边沉积，又对堤坝起到了进一步的保护作用。

钱镠成功治理钱塘江，既保障了民众的生命财产安全，又给当地农业的稳定发展提供了优越的条件，他因此得到了"海龙王"的美誉。

纳贡求和，长据江南

钱镠对于吴越的实力有着比较清醒的认识，所以他很少兴起战事进攻其他势力。他选择了称臣于中原政权的策略，尽管中原政权不断更迭，但是不论哪一方上台，他都表示臣服。这样钱镠总能够得到强大的后援，所以在乱世中安然无恙。

朱温建后梁，钱镠便纳贡称臣。朱温封给了他吴越王的爵位及淮南节度使之职。当时，钱镠收到一些希望自己称帝的建议，但他没有采纳。他始终坚持向后梁称臣，缴纳岁贡。后来，因为战乱，吴越无法继续从陆路向后梁纳贡，钱镠就遣使走海路去完成纳贡的义务。

李存勖取代了后梁之后，钱镠仍然遣使前往洛阳纳贡，并希望自己的既有利益得到保障。李存勖经过深思熟虑，决定承认吴越，钱镠的王位也就安稳如山了。

钱镠的这一策略，使吴越成为一片和平宁静的土地。他爱民如子，奖励生产，所以吴越百姓得以安居乐业，社会不断取得进步。这种状况与其他地方战火纷飞、田地荒废、民众逃亡的乱局形成了非常鲜明的对比。

此外，钱镠还非常热爱文学，与诗人罗隐关系要好。他曾作《巡衣锦军制还乡歌》一诗："三节还乡兮挂锦衣，碧天朗朗兮爱日晖。功成道上兮列旌旗，父老远来兮相追随。家山乡眷会时稀，今朝设宴兮觥散飞。斗牛无孛兮民无欺，吴越一王兮驷马归"。诗中尽管含有骄矜之气，但仍见其文采。

932年，八十一岁的钱镠因病谢世，其子钱元瓘继位。

钱镠在五代十国的乱世之中做了几十年的一方霸主，堪称奇迹。这得益于他采取了利国利民的措施，并一直坚持灵活正确的外交策略。

▲（辽）穹庐式鹿纹灰陶骨灰罐

辽是统治中国北方的一个契丹族政权，但是在与中原政权的战与和中深受汉族文化的影响。契丹早期的葬俗是风葬，后在汉族葬俗的影响下也逐渐开始实行土葬和火葬，不过在葬具的使用上仍保留着草原文化的一些特点，图中这个穹庐式的骨灰罐就是一个极好的证明。

少年读全景 资治通鉴故事6

▶▶ 唐纪 下·后梁纪·后唐纪·后晋纪·后汉纪·后周纪　　▶▶ 后梁纪·后唐纪·后晋纪·后汉纪·后周纪

后梁纪·后唐纪·后晋纪·后汉纪·后周纪
"儿皇帝"石敬瑭

石敬瑭为了当上皇帝，不惜认契丹人为父，还许诺割让燕云十六州，以求契丹发兵相助。在契丹人的扶持下，他终于成为皇帝，建立晋国，是为"后晋"。契丹人取得了燕云十六州，打通了进攻中原的通道，他们在此基础上开始大肆劫掠中原。石敬瑭引狼入室，却又难以掌控时局，最后抑郁而终，只留下了可耻的"儿皇帝"这一骂名。

骁勇善战，谋略超群

石敬瑭，生于太原，他年轻时沉稳淳朴，喜好兵法，十分敬佩战国名将李牧与西汉名将周亚夫。后来，他投入李嗣源麾下，并得到重用，成为李嗣源的女婿和左膀右臂。他四处征战，驰骋疆场，对李存勖和李嗣源都有救命之恩，可谓功绩卓著。

石敬瑭不但有非凡的军事才能，而且具有出众的政治见解。他常给李嗣源解析态势，出谋划策。魏州的赵在礼叛乱后，李嗣源前往平乱，可是后来他率领的队伍同样叛乱了。李嗣源原本要向李存勖报告实情，但石敬瑭却阻止他说："您率军在外，手下的士兵叛乱，您怎么自保呢？优柔寡断是领兵打仗的人最忌讳的，此时我们应该乘机快速向南前进，占据汴州。汴州是天下中枢，倘若行动成功，那么必能成就大业！"李嗣源如醍醐灌顶，马上依计而行，最终成功夺取了帝位。

石敬瑭因谋划有功，升任陕州保义军节度使，并被赐为"竭忠建策兴复功臣"，担任六军诸卫副使，成为亲军最高级别的副长官。

然而，石敬瑭对这个副职并不看重。当时正职由李嗣源之子李从荣担任，李从荣狂傲骄纵，石敬瑭觉得他将来肯定会栽跟头，于是就坚决推掉了这一职位。

果然，李从荣日后由于抢夺帝位而被杀。

后来，石敬瑭又凭借军功成为河东节度使。河东是后唐的发迹之地，石敬瑭执掌河东之后，就成了后唐所有北方将领中军权最大的将领之一。

取媚契丹，出卖国土

933年，李嗣源去世，其子李从厚登基，是为后唐闵帝。之后，李嗣源养子李从珂篡位，是为后唐末帝。石敬瑭在此过程中出力不少，但李从珂当了皇帝后，对实力强大的石敬瑭颇为忌惮。石敬瑭一直小心防备，他以抵御契丹滋扰为由，多次请求末帝给他调拨粮草，其实是在为夺取政权筹备军资。

为了试探李从珂对自己是否信任，石敬瑭写了一封奏章，假称要辞掉马步兵总管一职，并要求到别处担任节度使。他认为，倘若请求被批准，就证明李从珂对自己并不信任；倘若李从珂安抚他并劝他留任，那证明李从珂对自己还很放心。可是，李从珂觉得不论调任与否，石敬瑭终究会造反，所以干脆下令将他调往别地。石敬瑭知道后，声称身体有病，无法离任，趁机静观事态变化。然后他又上表说李从珂只是养子，没有资格继承帝位，要求他退位。李从珂立刻宣布免去石敬瑭的职位，然后派大军进攻太原。

石敬瑭见大军压境，自己并无优势，就去请求契丹的耶律德光出兵援助。石敬瑭提出了割

唐纪 下·后梁纪·后唐纪·后晋纪·后汉纪·后周纪　　后梁纪·后唐纪·后晋纪·后汉纪·后周纪

◀（五代）灵台舍利棺

甘肃灵台县出土。当时，盛载舍利的容器通常由多个部分组成，而最外边的部分常制成棺椁的形状。这个舍利石棺用质地细密的灰白砂岩制成，敷以红、绿、蓝、白、金等色。棺身两侧有浮雕佛传故事，前后两端各有线刻双扇门，两旁各有一位天王守护。

让燕云十六州、常年纳贡、认比自己小十岁的耶律德光为父等条件，低三下四地请求契丹出兵。石敬瑭手下的大将刘知远觉得这样做过于卑躬屈膝，劝他改变计划。可石敬瑭满脑子都是皇帝梦，根本听不进任何意见。

耶律德光得知此事后欣喜不已，认为这是自己踏入中原的绝好机会。于是他马上出兵支援，石敬瑭由此实力大增，将后唐军队击溃。随后，石敬瑭在柳林即位，定国号为晋，史称后晋，石敬瑭即为后晋高祖。后来，石敬瑭将汴州定为都城，称为东京开封府。

过大于功，难逃骂名

石敬瑭在陕州、魏博、河东等地担任地方长官时，把各地都治理得政通人和，成就十分突出。

成为后晋皇帝后，他免除了八十岁以上老人的徭役，遇有旱灾，就免去当地五分之一的租税。可是在个人生活上，石敬瑭却愈发奢靡，用黄金、珠宝等将宫殿修饰得美轮美奂。他还颁布了不少严厉的刑律，以酷刑对待反抗的民众，而且十分宠信宦官，导致宦官的势力再次膨胀。

尽管石敬瑭身为皇帝，但却是个"儿皇帝"，他的日子并不好过。就个人而言，他深感受辱；就国家而言，契丹虎视眈眈，后晋倍受威胁。加上石敬瑭当时未能收复各地，致使变乱迭生，自己的地位大幅下滑，身心上也屡受刺激。于是他郁郁寡欢，后来又染上疾病，早早离开了人世。

《旧五代史》对于石敬瑭的功过进行了合理的评价，褒扬了他原先的政绩和作为，称赞他尊重人才，从谏如流，也批评了他一心谋求皇帝宝座，为此不惜割地给契丹，引狼入室，导致民众遭受战乱的行为。

后汉高祖刘知远

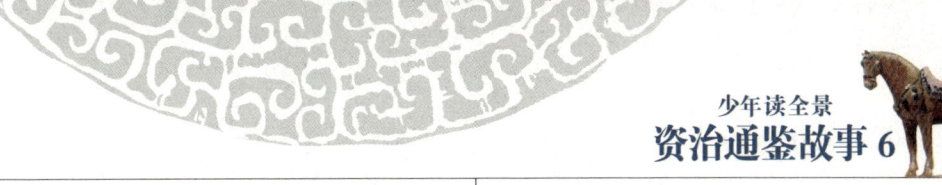

后梁纪·后唐纪·后晋纪·后汉纪·后周纪

五代时期,各个王朝如走马灯般快速更迭。一些将领看到政权更迭如此容易,就不免想要尝尝当皇帝的滋味,刘知远就是其中的代表。他早年跟随石敬瑭多方征战,逐渐有了称帝的野心。后来,他趁后晋衰亡之际,于947年在太原登基,定国号为汉,是为后汉。

有勇有谋,救石敬瑭

刘知远生于太原。他沉稳庄重,面目冷峻,寡言少语,显得十分严厉。他青少年时期,正值李克用、李存勖父子割据太原,刘知远就在李克用的养子李嗣源部从军,正好与石敬瑭在一起任职。

在一次战斗中,石敬瑭的马受伤,石敬瑭落到了敌军的攻击范围内,极其危险。刘知远见状,便叫石敬瑭换乘自己的马,然后自己骑上石敬瑭的马断后,救了石敬瑭一命。

李嗣源称帝之后,石敬瑭被任命为河东节度使。他不忘刘知远的恩情,专门将其调到自己手下,收为心腹。934年,李从珂意图篡位,攻占洛阳。石敬瑭在卫州遇到了逃亡的闵帝李从厚,二人进入室内秘密商谈。刘知远担心石敬瑭的安全,就悄悄让勇士石敢保护他。闵帝的手下认为石敬瑭不愿尽忠护卫皇帝,就用剑去刺他。石敢保护石敬瑭躲进了旁边的房间,以大木头挡住门口。刘知远听到消息,立即带人冲进屋中,发现石敢已死,而石敬瑭毫发无损。刘知远杀掉了闵帝的所有手下,再次成为石敬瑭的救命恩人。此后,石敬瑭愈发尊敬和器重刘知远。

李从珂称帝后,石敬瑭又一次成为河东节度使,但两人的矛盾很快爆发,石敬瑭于太原密谋反叛。为了增强自身力量,他决定向契丹求助。可是刘知远得知石敬瑭向契丹做出的种种承诺后,觉得那些承诺过于丰厚。他说:"称臣可矣!以父事之太过。厚以金帛赂之,自足致兵,不必许以土田,恐异日大为中国之患,悔之无及。"但他的建议没被石敬瑭接受。后来,太原遭到后唐部队的围攻,刘知远凭借五千人成功抵御了对方的五万人,石敬瑭对此很是赞赏。攻克后唐都城之后,石敬瑭就让刘知远掌握军权,并任命他为禁军总管。

调任河东,积蓄力量

937年,刘知远被提升为检校太保、侍卫亲军马步军都指挥使,并担任忠武军节度使。后来,石

◀(五代)越窑秘色弦纹盘口穿带瓶

该瓶盘口外撇,短颈饰弦纹,圆腹下收,圈足。瓶两侧肩部至下腹各贴一对云形耳,且用乳钉固定,圈足两侧与耳垂直处分别镂有长方形孔,与双耳共作穿带提携之用。此器通体施青釉,泛翠绿色,釉层光亮润泽,釉面平整光洁,釉色纯正,宛如一汪湖水,给人以宁静、简洁之美。

敬瑭下令让刘知远去担任归德军节度使，而原来的归德军节度使杜重威则担任忠武军节度使。

刘知远知道杜重威是凭借跟石敬瑭沾亲带故才获得高位的，因而非常看不起杜重威，拒绝调任。他的这一举动让石敬瑭大为不满，两人的关系开始出现裂痕。

940年，石敬瑭将刘知远下放到地方，担任邺都留守。

次年，刘知远又被调任北京留守、河东节度使，还被杜重威夺走了侍卫亲军马步军都指挥使的位子。对于石敬瑭接连调任自己的目的，刘知远心知肚明，于是他便以河东为根据地，积极积蓄力量，并密切关注后晋朝廷的动静。

石敬瑭在942年死去，昏聩平庸的石重贵登基。对石重贵来说，处理与契丹的关系就已经足够让他焦头烂额，更别说对付刘知远了。

刘知远预测后晋必定会与契丹开战，所以愈发小心地积蓄自己的力量。后来，后晋、契丹果然开战。刘知远坐山观虎斗，乘机收编了许多流散的后晋军人，连同原有的部队，达到了五万人规模。羽翼渐丰的同时，他密切地观察局势，等候一统中原的机会。

称帝建后汉

石重贵是石敬瑭的侄子，他登基之后，只愿对契丹称孙，而不愿称臣。这使耶律德光怒不可遏，几番出兵进攻后晋，最终在947年打败后晋，俘虏了石重贵，灭亡了后晋。

此时，刘知远派遣使者献三表给耶律德光，首先祝贺耶律德光攻占了开封；其次解释说太原等地有多民族杂居，他必须在此牢牢守卫，因此无法抽身前往觐见；最后，刘知远声称自己早已备齐了贡品，可是契丹大军已由土门入河东地界，

▲（五代）思益梵天所问经变
出自敦煌莫高窟。

自己前往开封的道路遭到堵塞，唯有日后道路恢复畅通时才能纳贡。当时中原还不安定，耶律德光明白消灭刘知远还不太可能，所以只好假惺惺地夸赞了他一番。

当时，部将们曾劝刘知远进攻开封，驱逐契丹。但刘知远却说："契丹新收服了后晋军队，有十万人之多，又有开封的坚固城池，我怎能在此时去攻打呢？我认为契丹人只是贪财罢了，只要他们抢掠一空，势必退回。此时冰消雪融，契丹人又不喜欢中原的温暖气候，必然难以长久驻留。契丹人撤离之际，便是我进攻之时。"刘知远的预测很有道理，并最终应验了。

之后，刘知远在百官的再三恳请下，于947年在太原登基。他决定继续使用后晋年号，以便收拢人心。直到他占领洛阳后，才把国号改为汉，是为后汉，刘知远即后汉高祖。

刘知远登基之后没多久就病死了，没有做出多少政绩。史书评价道："虽有应运之名，而未睹为君之德。"意谓刘知远有称帝的运气，可是并没有机会展露出一国之君的德行。

少年读全景
资治通鉴故事 6

▶ 唐纪 下·后梁纪·后唐纪·后晋纪·后汉纪·后周纪　　▶ 后梁纪·后唐纪·后晋纪·后汉纪·后周纪

后梁纪·后唐纪·后晋纪·后汉纪·后周纪
郭威开封称帝

郭威曾是后汉的枢密使，于951年起兵反汉，夺取了政权，建国号周，是为后周。他非常了解民间的诉求，所以登基之后勤于政事，关心百姓，鼓励农耕。在他的治理下，后周很快就具备了强国之象，这也为周世宗柴荣开创大业打下了良好的基础。

少年威武，军事起家

郭威，字文仲，原籍邢州尧山。其父郭简被幽州节度使刘仁恭所杀，郭威随母亲前往潞州。其母在路途中不幸辞世，郭威被姨母韩氏抚育成人。

郭威年轻时身体魁梧，勇力过人，脾性直率，喜欢见义勇为。在郭威的家乡，有个屠户横行霸道，气焰嚣张，人们对他很是畏惧，可是郭威却不以为然。他去屠户那里买肉，并借机羞辱他。屠户清楚郭威的本事，本想息事宁人，但最后还是没有压制住怒气。屠户将衣服扒开，露出肚皮，大声说："有能耐你就拿刀子捅我的肚子呀！"郭威果真用刀子捅了他，屠户当场死亡，郭威因此被捕入狱。

军阀李继韬非常欣赏郭威，将其解救出来，收为部下。李继韬败于李存勖之手，郭威继而被编入了后唐部队，成为亲军。此时的郭威精心研读兵法，收敛了往日的脾气，变得沉稳冷静了许多。

刘知远成为后晋侍卫亲军都虞候时，郭威投靠了他，并得到重用，成为他的得力助手，为刘知远成就大业立下了汗马功劳。

刘承祐在刘知远死后继承了皇位，郭威以顾命大臣的身份担任枢密使一职。后来，河中节度使李守贞、永兴节度使赵思绾、凤翔节度使王景崇接连叛乱，刘承祐派人平乱，均以失败告终，最后派郭威前去讨伐，还封他为同中书门下平章事。

郭威作战时勇猛无比，还能够与士兵同甘共苦。他从不将功劳据为己有，而且明察秋毫，有赏有罚。他关心士兵，常亲自探望伤兵。他注重采纳别人的建议，就算有人言辞激烈地批评他，他也虚心听取别人的建议，所以将士们都由衷地拥护他。在平乱过程中，郭威接受了部将扈彦珂的计

▼（宋）白釉羊形摆件
此器为卧羊形，形象逼真，施乳白色釉，釉质肥润细腻，胎体厚重。

策，率先进攻河中，但他只将敌人围困起来，并不攻城，以求耗尽河中的物资。过了一年，河中的储备物资使用殆尽，叛军军心涣散，无心恋战。这时，郭威就命令大军发起攻击，顺利取胜。李守贞自杀。接着，永兴、凤翔相继被郭威收复，风雨飘摇的后汉政权转危为安。

目光长远，灭汉建周

郭威平乱取得胜利，自然是劳苦功高。刘承祐要给他提升官爵，进行重赏。可是郭威没有接受，他说胜利不是他个人取得的，胜利是因为有出征的将领和士兵献上策略、奋勇杀敌。皇家宗族、地方部队以及官员都为此役的胜利做出了贡献。刘承祐便依照郭威之言，对众人各行赏赐，使郭威获得了很高的名望。

后来，郭威出任邺都留守、天雄军节度使，同时担任密使，将河北诸州的军权收入手中。此时，不愿忍受顾命大臣束缚的刘承祐想要收回权力。他首先将京城的老臣们杀掉，然后又遣人去地方诛杀郭威等人。郭威听闻京城的惨案，就采用心腹魏仁浦的计策，向众将士假传圣旨，说刘承祐逼迫自己诛杀他们。众人大怒，便拥戴郭威为首领，打起"杀奸臣、清君侧"的旗号，进军国都。刘承祐立即组织军队反抗，同时杀掉了郭威留在京城的所有家人。郭威闻讯后震怒不已。数日之后，大军攻至都城，刘承祐身死。郭威进入国都后，为了稳定政局，就把李太后请出来料理政事，还假意拥戴宗室刘赟为皇位继承人，并命人前去迎接，但是在半路上将其劫杀。

政局稳定后，郭威率军北上抵御契丹入侵。行至澶州时，军队发动兵变，拥护郭威称帝。郭威返回都城，逼迫太后任命他监国。

广顺元年，即951年，郭威正式登基，建国号周，是为后周，定都开封，郭威即后周太祖。

治理国家，革故鼎新

郭威称帝之后一心治国，并开始对后汉的政策进行改革。

他免除并降低了部分赋税，把曾经的"斗余""称耗""羡余"等税收项目都废除，极大地鼓舞了农民的劳动积极性。他还停止了牛租的征收。朱温讨伐淮南时，收缴的战利品中有耕牛近万头，于是他就将牛分配给农民使用，以此收取租金。可是过了几十年，耕牛都死掉了，农民却仍要缴纳牛租，十分荒唐。因此，郭威的这项措施深得民心。

郭威还发布命令，对于罪犯从宽惩罚。后汉时，偷取一文钱即是死罪，罪行较重者的族人常常受到牵连。但是郭威决定，只有难以饶恕的大罪，如作乱犯上、杀人等，刑罚才会株连族人。这样一来，社会渐趋安定。

除了实施革新措施之外，郭威还厉行节约，以免增加百姓的负担。他在日常起居上都非常朴素，而且明令禁止地方向朝廷进献美食名产。他也严防金玉珍玩等进入宫中，并且毁掉了宫内的奢侈装饰。他还对臣下说："作为一国之君，是不能使用这些东西的。"

在郭威的励精图治下，后周很快就成为当时的强国，这给后来的周世宗成就伟业奠定了良好的基础。

郭威在去世之前，要求实行薄葬，只用纸衣和瓦棺入葬，并命人在墓碑上镌刻这样一句话："大周天子临晏驾，与嗣帝约，缘平生好俭素，只令著瓦棺纸衣葬。若违此言，阴灵不相助！"

在古代帝王之中，能够像郭威这样保持节俭作风的并不多见，他为后世树立了良好的榜样。

后梁纪·后唐纪·后晋纪·后汉纪·后周纪
一代英主周世宗

后周世宗柴荣于954年登基,较其前任太祖郭威,大有后来居上之势。在当政的几年间,他兢兢业业,四处征战,政绩极为显著。他努力吹响了统一中原的前奏曲,为北宋结束乱世、一统天下创造了条件。

少年有为,亲征高平

柴荣出生于邢州龙冈(今河北邢台),其父柴守礼为郭威妻兄。柴家家道中落,柴荣就到郭威家生活。由于他性情温和,办事得体,很有责任心,郭威十分喜欢他并将他认作养子。

郭威成为后汉的枢密使后,柴荣跟随左右,担任左监门卫大将军,是郭威最信赖的人。郭威于951年年初登基后,任命柴荣为澶州刺史、检校太保,并封其为太原郡侯。柴荣在任上显示出非凡的才干。在他的治理下,澶州一跃成为当时的大城市。此后,他被任命为开封尹,并加封晋王。954年初,柴荣掌握了后周的军权。郭威病重,临终前决定命柴荣于枢前即位。柴荣于是继承了皇位,是为后周世宗。

当时,北汉君主刘崇趁郭威去世,后周举办国丧期间,与契丹联合进攻后周。柴荣御驾亲征,双方的战斗在泽州高平打响。

一开始,后周军队遭遇了麻烦,部分士兵不战而逃。紧急时刻,柴荣披挂上阵,亲临战场,将士们深受鼓舞,不久就扭转了战局,大败北汉、契丹联军。

得胜班师后,柴荣针对此次作战的不足之处,对军队的制度、结构及律法进行了改革。这一改革也为他日后征战各地打下了良好的基础。

励精图治,开创大业

柴荣登基之初,便确定了为期三十年的目标:"以十年开拓天下,十年养百姓,十年致太平"。

为了实现这一目标,柴荣在位期间,对国家的多个领域进行了改革,给后周社会的方方面面注入了新的活力。

在经济领域,柴荣尽力减少民众承担的繁重赋役,以便刺激经济增长,充实国库。在他的努力

▲(后周)观世音像壁画
这幅壁画中的观音面相俊美,有唐画仕女的丰腴之态,体态窈窕,左手执一莲花,右手似做舞蹈动作,神态安详,风度娴雅。画面线条宛转如行云流水,色彩和谐清丽。

下,后周政权不仅免去了许多捐税,还降低了赋税比例。同时实行以土地为征税标准的政策,避免了各地官僚和地主让平民为其纳税的情况,大大解放了劳动力,增强了人民的劳动积极性。鉴于战乱造成不少人流离失所,柴荣命人将流民集中起来,并分给他们耕地。如此一来,不但清除了社会的不安定因素,而且快速解决了农业凋敝的难题,促进了政府财政收入的增长。

柴荣还下令疏通漕运河道,修建水利设施,陆续使胡卢河、五丈河等重要河道恢复了漕运能力,保证了江淮等地的粮食及商品可以直接运抵都城。

在政治领域,柴荣完善了科举制度,使有识之士能脱颖而出,为国效力,同时也起到了拉拢士人的作用。他以铁腕手段改革政风,对于贪污腐败行为进行严厉处罚,即使有功之臣或皇亲国戚犯了罪,他也毫不姑息。他大幅修改了五代的严苛律法,废除轻易判处死罪的规定,免去凌迟等严酷的刑罚,对罪犯实行相对温和的惩罚手段。后周制定的《大周刑统》是五代时期著名的律法,为后来北宋确立《宋刑统》奠定了基础。

南征北战,一代明君

柴荣的革新政策得到了很好的贯彻和落实,短时间内便取得了显著成效。后周的经济快速增长,国力渐渐强大。

柴荣首先西进,收服了秦州、成州、阶州、凤州。然后挥军南下,进攻南唐,攻取了江北的十几个州,南唐国君被迫请和。

后周攻唐之役大胜,使得南汉、后蜀两国深感畏惧。

接下来,柴荣统率几万骑兵、步兵,由沧州进发,北攻辽国。

后周军队接连攻克了辽国镇守的瓦桥关、益津关、淤口关、宁州等地,这也是五代时期辽国所遭受的最严重的失败。

遗憾的是,柴荣正想把幽州当作下一个进攻目标时,突然生了急病,不得已退兵。返回开封后,柴荣因病逝世。

柴荣少年参军,后来成为大将,三十多岁时成为后周皇帝。他抱负远大,睿智英武,节俭朴素,政绩突出,建立了五代十国时期的强大政权,为北宋一统天下铺就了基石。

可惜,柴荣尚未实现理想便溘然长逝,当初立下的为期三十年的目标也随之烟消云散,最终成为一段令人怅惘的史事。

▶ (五代)花釉牛
此摆件为一牛形,形象生动,四肢强壮有力,釉呈乳白色,釉面光滑清润。